小泉八雲のヒューマニズム精神とその変容

――部落問題記述を中心に――

JN130066

成澤榮壽

目次

まえがき

小泉八雲（ラフカディオ・ハーン）の英文の部落問題記述との出会いは偶然の機会からであった。

１９９０年の秋、勤務先での講義とも係わって、横浜開港資料館へ江戸幕府の勘定奉行（勝手方）の川路聖《とし》謨《あきら》（１８０１～68）とロシアの侍従武官長・海軍中将プチャーチン（１８０３～83）を中心に展開された幕末の日露修好通商条約締結交渉の様子を調べに行った時のこと、横浜で発行されていた有力な週刊英字新聞『ジャパン・ウィークリー・メイル』１８１９年６月13日付所載のハーンの無署名レポート「島根通信」を見付けたのである。苦手な英文を拾い読みをすると、「山の者」の「部落」についてのルポルタージュであった。

１９８０年頃、かつての同僚から八雲の教え子である田部隆次の評伝『小泉八雲』にハーンが「山の者」を訪ねたことが書いてあると教えられたことがあり、縁《えにし》を感じた。

「島根通信」を訳しながら読み進めていった私が、まず、感じたのはハーンの心のやさしさ・あたたかさである。そこで、早速、このすぐれた記録文学を部落問題研究所の紀要に原文と拙訳を解説付きで紹介し、同時に勤務先の紀要にも日本文化論の１つとして史料紹介と所見を掲載した。

こうして私のハーン研究が始まった筈であったが、勤務先の激務のため、直ちにほぼ中断状態に陥り、再度の研究が出来ないままに４半世紀が過ぎた。

しかし、２０１７年秋に機会を得て、ハーンの部落問題記述について口頭報告をし、文章化して18年夏に部落問題研究所の紀要に登載し、同時に（同年春）それと関連したハーンの短い評伝を『文華』誌に発表させていただいた。この小著の第２章と第１章がそれである。

今回の八雲小考では、ハーンの来日初期を主とする部落問題記述の分析のほかに、彼の没後に米国で出版された『日本—解明の一試論』を他の分野の記述内容と関連付けて部落問題を中心に新たに検討を加えた。

検討の結果を忌憚なく言えば、部落問題記述を含めて、八雲のヒューマニズム精神の劣化が見られた。同著全体はそうではないのだが、信じられない程の反人道的な主張さえも叙述されているのである。

この事実に触れた文章は、極度な管見では他になさそうである。さすれば、小著を上梓することは無意味ではあるまいと愚考した。そのことが刊行することにした所以の一半である。同時に小著の標題を『小泉八雲のヒューマニズム精神とその変容』としたのもそのために他ならない。

八雲は、もう一方で当時の大多数の日本人が持つことの出来なかった「部落」の人びとに対する本来の正しい意味での同情を抱き、表現した。ところが、少しオーバーに表現すれば、今日の人びとはその内容を日本語で知る自由を奪われ、八雲は「山の者」の芸能を素晴らしいとヒューマニズの精神豊かに紹介した表現の自由を蔑ろにされている。私はこの二重の自由の侵害を許せないのである。八雲の部落問題記述のすばらしさを知ってもらいたい。その願いが小著上梓の所以のもう1つの一半である。

とは言え、小著はデリケートな内容を含んでいるので、限定本とした。

「付」3点を掲載する。

その「1」は、「島根通信」の原文と拙訳である。事実上、読者のお目に触れる機会が皆無に近いからである。

その「2」は、小著が学問・研究の自由、学習・読書の自由、図書館の自由、出版の自由、広く言論・表現の自由が侵害されている事実に言及しているので、その自由を擁護したいという立場から補足する意味合いで、短い拙文を付した。

その「3」は、本文では部落問題とは何かが系統的に理解出来るように書かれてはいないため、参考までに『日本大百科全書』（ニッポニカ）の拙文を付した。

もとより小著は八雲についての私の関心事を拙い筆で綴った文字通りの小さな本に過ぎないが、ご一読願えれば幸いである。

2018年10月20日

第一章

ラフカディオ・ハーン（小泉八雲）小伝

はじめに

わが国では『怪談』の作者として知られる小泉八雲（1850～1904）は、明治期半ばに来日して日露戦争中に他界するまでの15年足らずの間に、帰化した後もラフカディオ・ハーンの名で、日本人とその文化・社会を米欧の人々に紹介した文人である。換言すれば、ハーンは日本民族の伝承や詩歌・民謡を丹念に蒐集し、宗教や風俗、人情、ひろく生活文化を観察して綿密に分析を加えた作品を通して彼らの日本理解に寄与したフォークロリスト（民俗学者）的な要素の濃い作家である。

ハーン（八雲）を私が取り上げたのは、1991年に横浜開港資料館で偶然見付けた横浜の有力な週刊英字新聞の1891年6月13日付に掲載されていた彼の部落問題に関する無署名記事を翻訳し、解説を加えてその年12月に発表した小考察が最初である。その後、94年に国の科学研究費補助金を得たのを幸いに、ハーン（八雲）の隠岐を除く主な足跡を殆ど踏査し、定住地を隈なく訪ね、残されている居宅は全て見学して、彼の人格理解の一助とした。それから凡そ4半世紀、2017年秋に学会で口頭報告をした「ラフカディオ・ハーンの作品に見る部落問題」を文章化する機会に、私は、半年の間、ハーン（八雲）と共に生活しながら、彼の生涯と仕事を短い評伝（小伝）にまとめようと試みた。小稿はその結果の報告である。

『小泉八雲のヒューマニズム精神とその変容』

正誤表

1頁5行　１８１９年　→　１８９１年
12頁図8　三高　→　五高
14頁上段17行　半分近く減って　→　トル
28頁上段10行　表　現　→　表現
37頁下段20行　神道の　→　神道との
69頁上段8行　第一節　→　第「1」節
71頁下段16行　第三節　→　第「3」節
98頁下段8行　改策　→　改筆

1．来日前

(1) ハーンの生い立ち

パトリック・ラフカディオ・ハーンは１８５０（嘉永３）年６月27日にギリシャのイオニア諸島に属する小島サンタ・マウラ島（現レフカダ島）に誕生した。父チャールズ・ブッシュ・ハーン（１８１９～66）は英国籍アイルランド（現アイルランド共和国）生まれのギリシャ駐屯英国陸軍歩兵連隊付《づき》軍医で、上流に属する富裕層の出身、母ローザ・ガシマチ（１８２３～82）はセリゴー島（現地呼称チティラ島）の所謂旧家生まれのギリシア人であった。ラフカディオは混血児で、次男である。長男は彼出生直後に他界した。

52年、ラフカディオが２歳の時、父の西インド諸島赴任中に、彼は母に伴われて父の故郷アイルランドのダブリン（現共和国首都）に、移住した。翌年、父が帰国。夫妻の間には３男が誕生したが、２人の関係は冷却し、54年、父のクリミア戦争従軍中に、母は３男を連れてギリシャへ戻った。４歳のラフカディオは、翌年から、英国国教徒のハーン家一族で１人だけ、熱心なカトリック教徒だった大叔母のサラ・ブレナン（１７９３～１８７１）に養育された。

57年、父チャールズはローザとの正式の離婚を一方的に成立させて、夫を亡くした元恋人と再婚し、彼女とその連れ子達を伴って植民地インドに赴任した。父チャールズがラフカディオを同伴しようとしたか否かは不明だが、ラフカディオは少なくとも結果的には父に捨てられた。以後、ラフカディオは、手紙を数通受理してはいるが、57年７月を最後に父と再会してはいない。

ラフカディオの母ローザは、夫の出征中、彼の縁者との人間関係がうまくいかなかった。彼女は殆ど英語が話せず、ラフカディオの他に、通訳代わりに「召使」を伴って渡英したが、一族の中で孤立した存在となった。当時のことである、人種的偏見もあったことであろう。一族のうち、甥のチャールズを「駄目男」と評価し、彼の再婚相手も否認していたラフカディオの大叔母サラはローザを認知し、理解を示していたようである。

ハーンは幼い自らを残し、トラウマを負ってギリシャへ帰って行った精神不安定な母ローザの苦悩を子ども心によくわかっていた(一)。彼の幼児期を始めとする子ども体験は、母恋しさを基調に、フェミニストとして成人していく傾向を助長していった。

ハーンの生い立ちで、どうしても記さなくてはならないのは、彼が10歳代での連続し、深刻化していった不幸な体験のことである。不幸なるが故に、ハーン自身の記述にさえも異同が見られる。

１８６３年8月、13歳のラフカディオは大叔母サラにイングランドのダラム市郊外にあるカトリック系のセント・カスパート・カレッジ（全寮制。現ダラム大学）に入学させられた。カトリック教徒の大叔母はハーン家の嗣子を責任をもって育てるべく、善意で実行した教育方針であったろうが、裏目に出た。後年、ボヘミアン的な「遊牧民」を自称したハーンにとって、厳格なカトリック系の学校の寄宿生活は耐えがたい苦痛であったに違いない。彼が極端なカトリック嫌いになった原点は、大叔母にあったと言うよりはむしろ、寄宿学校生活にあったと言えるだろう。後のことだが、ハーンは、カトリックだけでなく、キリスト教宣教師を「嫌いな人」の筆頭に挙げ、日本に学ばず、何も知らないと言って、一部ではなく、その全てを嫌った。後に妻の小泉セツは「耶蘇の坊さんは不正直なにせ者が多いと云ふて嫌ひました」と語っている(2)。

ラフカディオは、66（慶応２）年、セント・カスパート・カレッジの校庭で事故に遭い、左眼を失明した。生来、短躯で弱視だった彼は、加えて隻眼になり、コンプレックスを一段と強めた。

同年、健康を害した父親が帰国途上のスエズで他界した。自分を棄てた人に嫌悪感をもって疎遠のままになっていたとは言え、父の死に16歳の彼が平然としたままであったことはなかろう。

翌67年10月、彼は最悪の事態に追い込まれた。即ち、全所有地の管理を任せていた遠縁が財産運用に失敗した所為で、ハーンの養育者である資産家の大叔母が破産したのである。ラフカディオはセント・カスパート・カレッジの退学を余儀なくされた。その日のうちに、大叔母のかつての「召使」と住むために、ロンドンへ行ったが、極貧生活を強いられることとなったようである。

しかし、一時期、ハーンは北フランスはブルマンデーの名門校イヴトーのローマ・カトリック教会学校に在校したらしい。ハーンの孫小泉時が父一雄に聞いた話として同神学校にいた時のエピソードを『ヘルンと私』に収めているし、本人も最晩年に勤務した早稲田大学へ提出した英文の履歴書に「アイルランド、イングランドとウエールズ、その上、暫くの間、フランスで仕付けられた。１８６９年にアメリカへ行った」（拙訳）と記している(3)。フランス行は仏語に強くなる契機となった。

ハーンのフランス語の上達はモーパッサン（１８５０～９３）を含むフランスの同世代作家に馴染み、彼らの作品を翻訳し、彼らの文体を活かして執筆する力量を高め、仏領西インド諸島で行った民俗学的な先駆的業績を挙げる基礎になった。

(2)　米国時代のハーン

ハーンは、1869（明治2）年の春、リバプール港から単身で移民船に乗って米国へ渡り、オハイオ州の当時の中都市シンシナティに落ち着いた。英国出身の印刷屋ヘンリー・ワトキンと出会い、ハーンは親切なワトキンの世話になることとなった。二人は、終生、親交があった。主としてハーンの手紙を通じて。

72年、シンシナティで創刊された雑誌の編集助手に雇われたハーンは、翌年、23歳で同市の新聞社に正式社員として採用され、事件記者として活躍し始める。彼は、74年、「皮革製作所殺人事件」の記事を書いてオハイオ地方で、少し有名になった。

しかし、以前から知り合っていた下宿の「料理女」マティ・フォレー（1854〜1913）と人種差別を明記した不当なオハイオ州法に違反する結婚をし、式を挙げた。彼女は白人の農場主と女性黒人奴隷の間に生まれた混血で、子持ちであった。ハーンは、避難が高まる中で、翌月、新聞社を退職した。12月に別の新聞社に記者として入社出来たが、マティとの結婚は破綻に向かっていく。

その間の経緯は、ハーンのワトキン宛書簡が赤裸々に明らかにしている。1877年の月日不明の手紙には次のように書いてある(4)。

マティのことでは、あなたには想像もつかないほど私は苦しんできました。彼女が身を滅ぼしてゆくのを放っておくのは、私には耐えられません。（中略）なぜか、彼女が堕落すればするほど、私は彼女をいとおしく感じます。悪いのは自分であり、そもそも結婚したのが間違いだった。救ってやるつもりが、以前よりも堕落させただけでした。（関田かおる訳）

彼は77（明治10）年10月に新聞社を退職し、当てもなくルイジアナ州のニューオーリンズへ移った。文無しになって手紙でワトキンに無心したこともあった。しかし、翌年6月15日、『ニューオリンズ・アイテム』紙の編集者に採用された。その間の8ヶ月間、彼は極貧のうちにフランスの影響を受けたクレオール語の俗謡や民話の蒐集・翻訳やフランス文学を始めとする物語の翻訳に精を出していた。それが少しずつ認められていったのである。その結果、81年12月28日、『タイムズ・デモクラット』紙の文芸部長に迎えられた。31歳。以後、アナトール・フランス、ボードレール、仏語訳のツルゲーネフ、ドストエフスキー作品の翻訳・紹介に尽力した。

1年後、後にハーンの「心の恋人」となるエリザベス・ビスランド（1861〜1929）が彼の記事「死んだ花嫁」に惹かれ、ジャーナリストを志して入社した。ビストランドは、88年、ニューヨークの雑誌社に転じて編集者としても力量を発揮すると共に、88〜89年、各雑誌社の女性記者の世界一周早廻り取材競争に出掛けるなど、活躍している。彼女はハーン渡日後の91年に鉄道会社社長のチャールズ・ウエットモアと結婚したが（ミセス・ウェットモア）、終生にわたる彼のもっとも有力な後援者であった。

1884年12月、ニューオーリンズで万国産業綿花博物会が開幕した。取材で大忙しだったが、ハーンは日本展に強い関心をもち、万博の日本政府代表であった文部官僚服部一三と面会して意気投合した。このことは彼の日本行の契機となった。

しかし、ニューオーリンズ万博と彼の日本行との間には、後に日本でのハーンの活動に多大な影響を及ぼす取材・執筆の仕事があった。

先に別のサイドから少々触れたが、ハーンは87（明治20）年にタイムズ・デモクラット社を退職してニューヨークへ移り、ハーパー社と執筆契約を結び、同年夏から89年春まで仏領西インド諸島のマルティニク島を拠点として、ニューヨークに帰りながら、支配者であるフランス人と彼らに接する現地の島々の人々が仏語を簡単にして自らの言葉に替えて用いるようになったクレオール語の俗謡や民話、風俗などを蒐集・翻訳し、民俗学的研究に先鞭を付けると共に、欧米人が未開と見がちな現地の民族を偏見を持たず、ヒューマニスティックな眼で豊かに観察し、紀行文の傑作『仏領インド諸島の二年間』2巻を著した（1890年）(5)。

89年秋、ハーンは弟ジェームス・ハーンから手紙を貰い、証《あかし》を求め、父親の写真を受け取って確認した。父への不信と相俟って、猜疑心《さいぎ》が相当強かったようだ。彼は異母妹の1人にも書簡を送っている(6)。文通で、弟や異母妹との人間関係は次第によくなっていく。

ハーンは、90年になって、前年秋に世界一周の旅で一日だけ訪日したビストランドに書簡を送る。彼女はハーンの渡日を知り合いになっていた横浜グランドホテル社長ミッシェル・マグドナルド（1853〜1923）に知らせる。以後、彼はビストランドと同様にハーンを最期まで世話をする知己となる。本人は関東大震災で他界したが、退役海軍主計少将であった彼はそれまでハーンの死後も小泉家の財産管理の世話をしていた。

ハーンには、ワトキンを筆頭に、少なからざる日本人を含めて、他人《ひと》をして世話をしないではおられなくする何かがあったようである。生い立ちと係わって孤独感が強かったから、人懐っこい傾向があったためであろう。

3月8日、ハーンはニューヨークを出発し、鉄道で米大陸を横断、18日、カナダのバンクーバーから横浜へ。

2. 来日後

(1) 松江・熊本・神戸時代のハーン

ハーンは、1890（明治23）年4月4日、横浜港に着いた。マグドナルドが出迎えたことは言うまでもない。彼の紹介により、言語学者で東京帝国大学と改称される以前の帝国大学教授バジル・ホール・チェンバレン（1850〜1935）(7)の協力とニューオリンズ万博で既に知己となっていた文部省学務局長服部一三の斡旋で、ハーンは島根県尋常中学校の英語講師に就任することが出来た。

8月30日、松江へ到着したハーンは指定されていた旅館に直行した。そこへ尋常中学校の上席教員西田千太郎（1862〜97）が訪れた。彼の日記に曰く(8)。

卅日　新聘の英語講師英人 Lafadio Hearn 氏本日到着。直ニ旅館富田方ニ訪フ。久シク新聞及著作ニ従事セル人ニシテ年齢三十九、本年四月初テ日本ニ来リ日本ノ事情詮索ニ力ヲ尽セリ。割ニヨク日本ノ生活法ニ慣ル。

西田の日記におけるハーン関係記事の初出である。「年齢三十九」は誤り。千田はハーンが松江へ来て最初に詳細な会話をした人物で、相手を的確に観察していると言えよう。

ハーンは松江や島根県で「ヘルン」と呼ばれた。今日でもそう呼ばれており、全国的にもそう呼んでいる人達もすこぶる多い。県知事籠手田安定と交わした「英語教師条約書」に「ラフカヂオ・ヘルン」とあるのが元である。「ヘルン」は県知事との契約を90年7月に既に東京で締結していた。その内容は尋常中学校で週20時間、尋常師範学校で週4時間、英語教育の授業を担当することである。月給は100円。

私生活上のハーンは、翌年1月、風邪を悪化させ、看病のために士族の娘、小泉セツ（節、節子。1868〜1932）を雇った。セツは慶応4年生まれ。仲介は西田である。

セツの先祖、松江藩家中の小泉家初代弥右衛門は讃岐丸亀藩の家老であったが、藩主が幼少で他界して断絶、主家を失った。しかし、1658（明暦4）年、彼は親藩松江藩初代の松平直政（徳川家康の孫）に召し出され、代々、弥右衛門または弥一右衛門を名乗った。

図１．八雲旧居（根岸家）（1992 年 8 月撮影　以下同じ）

図２. 旧居坪庭に高浜虚子の句　「くわれもす八雲旧居の秋の蚊に」

図3．小泉八雲記念館　(八雲旧宅隣)

図4．西田千太郎旧宅　(新雑賀町)

図５．八雲旧居（熊本市手取本町）（2000 年 10 月撮影　以下同じ）

図６．旧居内部（記念館になっている）

図７．八雲第２の旧居（坪井町）の
向かいに祀られている地蔵尊

図８．小峰墓地（三高の北）をよく
散歩した八雲が愛した石仏

図９．1893年7月、長崎への旅の帰りに寄った宇土半島西端の港町三角《みすみ》（現安城市三角町）の旅館浦島屋（復元）（現三角西港展示館）　ハーンは、夜、母の夢を見て『東の国から』冒頭の「夏の夜の夢」を描いた

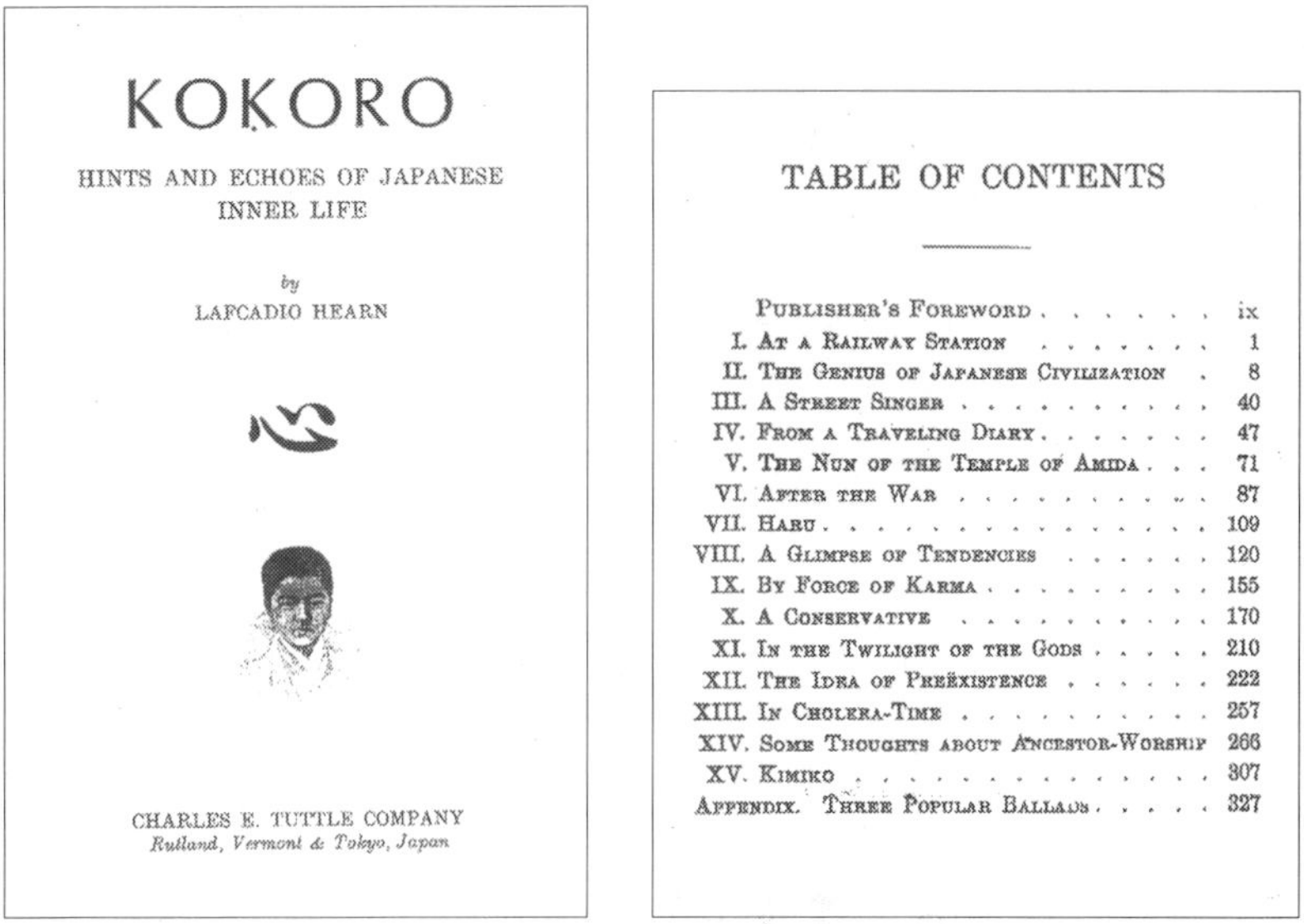

KOKORO

HINTS AND ECHOES OF JAPANESE INNER LIFE

by

LAFCADIO HEARN

心

CHARLES E. TUTTLE COMPANY

Rutland, Vermont & Tokyo, Japan

TABLE OF CONTENTS

図 10.『心　日本人の内面生活の暗示と影響』（英文）の表紙と目次（縮小の％を異にする）目次の最後に「付」として「三つの俗謡」（英文）が見える

図11. ハーン・セツ夫妻は（生後3ヶ月半の一雄を連れて讃岐の金刀比羅宮へ（1894年4月）　(2004年9月撮影)

セツの祖父、7代弥右衛門は1864（元治1）・65（慶応1）年の第一次・第二次幕長戦争に幕府方として従軍し、第二次では一ノ先隊番頭を勤めた。身分は大番頭《おおばんがしら》、250石取りであった。父8代弥右衛門俊秀は弥右衛門藤原湊ともあって、明治維新後は湊《みなと》と改称した。俊秀は家老の3男で養子に入った人。身分は番頭で300石取りであった。母チエは中老で1400石取りの汐見増右衛門の娘。増右衛門は藩主の放蕩を諫言して切腹し、主君を改心させた「忠臣」である。明治維新後、事業に着手した父の失敗を始め、家族と本人に事情があったため、中級藩士の娘セツが、「女中奉公」をしなければならなかったのである(9)。同年春、セツはハーンと結ばれた。

同年（91年）11月24日、ハーンは熊本市の第五高等中学校（現熊本大学）へ英語講師として赴任した。開校1年後の着任である。月給は松江の2倍の200円。授業は半分近くに減って27時間。この就任の場合もチェンバレンの世話であった。赴任には、セツの母チエ、元養母トミら、縁者を同伴した。ハーンは大家族主義で、日本人よりも日本的だったと言えそうである。11月15日に松江を出発し、19日に春日停車場、現熊本駅に到着している。汽車の嫌いなハーンも(10)、この年7月1日に熊本まで開通した九州鉄道に乗った。

熊本でのハーンは、自らは「ヘルン語」と呼ばれる片言の日本語を話し、それを片仮名混じりで独自の表記をした。セツも「ヘルン語」表記をハーン宛の手紙に用いた。その一方でハーンは翌93（明治26）年1月～3月、セツに対して、独特の単語帳を作成して英語のレッスンをした。西田から地理的に離れたハーンは、学習能力の高いセツの全面的な協力を得て、英文で執筆する周到な準備をしたのである。英語のレッスンはその後もたびたび行われた。

ハーンは、時にはセツと一緒に、92～94年、夏休みを始め、国内各地を旅行した。94年の春休みには讃岐の金比羅さんへ門司港から多度津まで船で行った。ハーンは船が大好きだった(11)。旅の多くは作品に反映された。こうして民俗学的関心からの、松江滞在期を含む、日本の印象記を執筆し、94年9月に来日後の第1作とも言うべき『知られざる日本の面影』2巻（ホートン・ミフリン社）が出来上がった。

この間、93年11月17日、長男一雄が誕生した。以後、97年2月15日に次男巌が、99年11月19日に三男清が、八雲他界前年の1903年9月10日に長女寿々子が生まれた。

ハーンの五高在任は2年10ヶ月余。着任時の校長は柔道の嘉納治五郎（1860～1938）であった。

英語教育と取材・研究、執筆活動以外の在職中の特記すべきことを2点挙げる。

その1は1824（文政7）年生まれの古武士的な会津藩出身者で、第一高等中学校（現東京大学）から転じた「漢文の老先生」、教授秋月胤永《かずひさ》（悌次郎）を尊敬し、誰よりも昵懇であったことである。所謂「武士道」の精神を必ずしも全面的に肯定してはいなかったハーンだが、彼自身の思考する日本の古き良き精神を体現している人物として憧憬の念を抱いていたものと想われる。秋月もまた、ハーンにきわめて好意的であった。

その2はヒューマニストのハーンが、山梨県身延山麓の日蓮宗総本山久遠寺界隈と並んでハンセン病者が集住する「セイショコさん」（清正公さん）こと、加藤清正を開基とする日蓮宗本妙寺のある熊本に居住したにもかかわらず、管見ではハンセン病を一顧もしていないのは何故かである。

熊本には1890年にイギリス聖公会の女性宣教師ハンナ・リデル（1855〜1932）が伝導を始めて間もなく、本妙寺参道に集まるハンセン病者を目撃して衝撃を受け、95年11月、立田山麓に創設した回春病院がある。彼女はハンセン病患者救済運動に一生を捧げ、遺骨は病者の納骨堂に合葬されている。回春病院開設の翌年に来日し、彼女の事業を継承した姪のエダ・ハンナ・ライト（1870〜1950）は十五年戦争体制での苦難を体験しながら、1941年4月に事実上の国外追放をされる寸前に病院が暴力で閉鎖されるまで叔母の遺志を守った。彼女は、戦後、再び熊本の荒れ果てた施設に戻り、1年有半の後、病者の納骨堂に入った。

リデルが活動を開始した時期にはハーンは既に現地にいなかった。しかし、もし、ハーンの在熊期ならば、ハンセン病を無視したのは、彼の大嫌いなカトリックの宣教師が経営する病院だったからではなかったかと推察出来るが、そうではない。全く理解に苦しむと言う他はない。

ハーンは日清戦争最中の94年10月に五高を辞任し、チェンバレン宛の手紙によれば、10月6日に熊本を出立し、門司から船で神戸へ行き、神戸クロニクル新聞社の論説記者に就任した。6ヶ月間、毎日、新聞に論説を執筆する契約で。月給100円。10月11日付『神戸クロニクル』紙に最初の論説「俥屋《くるまや》の問題」を載せた。来日したその日から人力車で鎌倉・江ノ島方面の寺社を巡った彼らしい。

彼としては、執筆時間を多く取るべく五高を辞めた筈だったが、ますます多忙になってしまった。その結果、眼疾を患って悪化させ、執筆出来なくなった。95年1月30日、不本意にも神戸クロニクル社を退社した。彼には、米国時代からこのような不得要領なところがあった。

しかし、失敗多い神戸時代に彼は自らの主要著書中の2冊を出版した。1つは、熊本在住の1893年8月から執筆に励み、95年3月9日に上梓した『東の国から──新しい日本の空想と考察』（ホートン・ミフリン社）。この著作は、スケッチ風の前作に比して、日本の生活文化の特質を分析する作風に深化させている点に特色がある。

2つ目は、翌年3月14日刊行の『心──日本人の内面生活の暗示と影響』（ホートン・ミフリン社）。この作品には、八雲に語学力で協力した西田千太郎と並ぶ人物で、作品中の「ある保守主義者」のモデルと言われる雨森信成《あめのもりのぶしげ》への献辞が記されている。八雲の日本人への献辞は彼と西田に対してだけである。雨森は横浜のクリーニング屋で、八雲の大好きな日本の民衆の代表格であったが、その学識の豊かさは没後の八雲を追悼して書かれた「人間ラフカディオ・ハーン」（英文）に示されている(12)。

『心』には、来日後、最初に着手した作品の1つで、苦闘の末、94年8月に完成させた「三つの俗謡」が巻末に付録として収録されている。

「三つの俗謡」は、ハーンが来日して1年余り後の1891年6月13日付『ジャパン・ウイークリー・メイル』紙15巻24号に掲載されたルポルタージュ「島根通信」（無署名）を基に執筆した文章を序説として大黒舞の歌詞を採録・紹介している作品である。「島根通信」は「山の者」と呼ばれた非人系賤民だった人々とその子孫を描き、殊にその女性たちが演ずる歌舞、特に歌謡を詳細に伝えている部落問題の貴重な記録だと言える。ジャーナリストとしても有能だった彼は、折から大日本帝国憲法を柱とする絶対主義的天皇制の確立期である1890年前後に部落問題が社会問題として成立したことを機敏に捉え、94年10月17日、「三つの俗謡」と題するメッセージを在日欧米人で構成されている日本アジア協会の集会で代読してもらっている（自ら行けないので）。但し、三つの俗謡の紹介で内容に触れたのは極端に短い「八百屋お七」だけであった。

神戸時代の話に戻る。要領の悪さが目だった神戸だが、ハーンには、実は生涯でもっとも特筆すべき出来事があった。日本への帰化である。彼は96（明治29）年1月15日に出願し、2月10日に承認されて小泉家に入籍し、「帝国臣民」となり、古歌「八雲立つ出雲やへがき妻ごみに八重垣つくるその八重垣を」（素戔嗚尊《すさのおのみこと》）に因んで、出雲を表わす八雲と改名した。45歳。セツは彼の正式の妻となったのである(13)。

「日本への帰化」と簡単に記したが、当時、わが国はまだ英国の治外法権下にあり、現国籍法第4~10条の規定に相当する帰化法が日本には存在しなかったから、外国人である本人の没後、財産権を放棄せざるを得なくなるため、セツが財産上の無権利状態に陥り、わが子も不利益を被る危険性がきわめて高かった。ハーンの決断は妻子の将来を熟慮した上でのことと想われる。セツは「ヘルンは私共妻子のためにどんなに我慢もし、心配もしてくれたか分かりません。気の毒な程心配してくれました。帰化の事でも、好まない奉職の事でも皆そうでございました」と言っている(14)。八雲自身も72歳になる「親愛なる御老父」ワトキン宛書簡の末尾に「私はもう日本人です。(Y・コイズミと申します)——妻の家に入籍したのです。これで婚姻と財産に関する法的問題はすべて日本の法律によって解決されます。領事は家族の財産に指一本触れることができないのです」と、喜びを記した(15)。

(2) 東京時代の八雲とその没後

帰化した年の9月1日、小泉八雲は帝国大学文科大学の英文学講師に就任した。この場合も、主としてチェンバレンの尽力による。週の持ち時間12時間で月給４００円(後に４５０円)。チェンバレンと相談した文科大学長外山正一(１８４６~１９００)から前年12月23日付書簡で招致したい旨の丁寧な打診があり、八雲がこれを承諾したのである。外山の配慮で、彼は帰化して日本人なのに給与等は外国人講師と同等に好遇された。

帝大着任が内定してからのことだが、八雲は、96年6月26日からセツ、一雄と共に神戸から美保関、杵築へ旅し、8月23日に帰神した。セツの故郷から遠く離れることになるからでもあったろうが、西田千太郎との訣別の意味があった。体調が勝れない西田は前年8月に両親・妻クラ、弟精宛の遺書を認めており、翌年3月15日に死去している。『西田千太郎日記』とは別の稿本になっている日記抄には、

小泉八雲氏一家（夫妻　一雄氏同伴）来遊。
七月一日（雨）来遊ノ小泉八雲氏ヲ旅館曳野ニ訪ヒ、西洋料理ノ饗應ヲ受ク。
同二日（雨）　小泉せつ子氏来訪。種々ノみやげ物持参。（下略）
同三日（小雨）　復夕、ヘルン氏方ニ昼食ス。（後略）

とある(16)。

八雲一家3人は翌月も上旬に松江入りし、西田と共に杵築《きづき》の大社《おおやしろ》、現在の出雲大社を参拝するなどして、20日、宍道湖の放水路大橋川の河口に架かる新装なった大橋で別れた。2人の最後の別れだった(17)。

図12. 焼津駅前「小泉八雲」碑（駅は右手）（1994年5月撮影　以下同じ）

図13. 海岸線に沿った浜通りを「八雲通り」と呼ぶ
（向こう　焼津港、焼津駅。右手の家のうしろは堤防）

図14. 八雲通りの山口乙吉宅跡（左手の白っぽい家）
その左は八雲が通った床屋　八雲は剃刀を研いでもらっていた
乙吉宅（2階は10畳、4畳、12畳）は明治村へ移築

図15. また建て替えられた（2004年1月撮影）

図16．焼津神社（祭神　日本武尊）
「東京には神様がゐないが、焼津には神様がゐる」（友人への手紙）
焼津=「神様の村」（1994年5月撮影）

図17．時宗宝城山海蔵寺
『漂流』の主人公天野甚助の板子が本堂に掲げられている

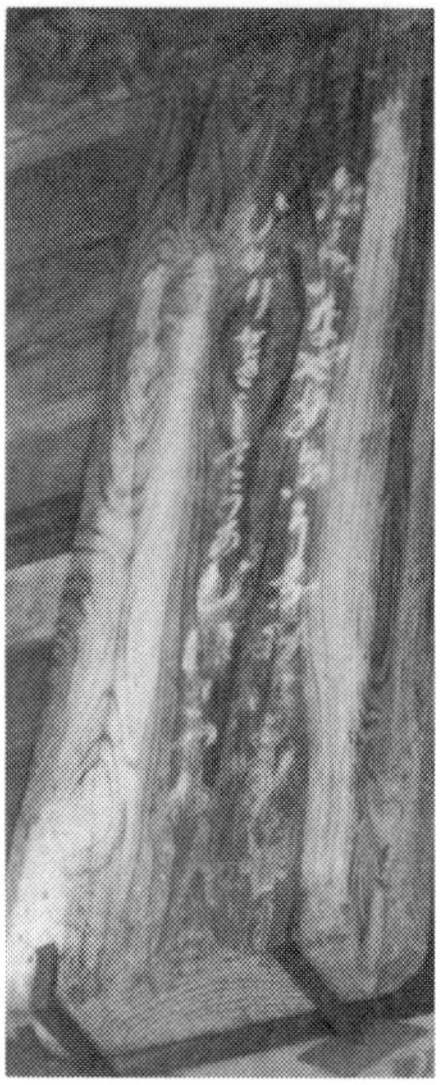

図18．甚助の板子
「たくいなや、あらいそ波によろよろと、ひかりをさして浮むぼさつ（菩薩）は」とある

図19. 浄土宗常照山光心寺の山口乙吉家「先祖代々の墓」
（八雲と親交のあった乙吉は3代目）この墓を建てたのは4代目
八雲の子孫は5代目を3代目と呼ぶ（5代目の奥さんの話）

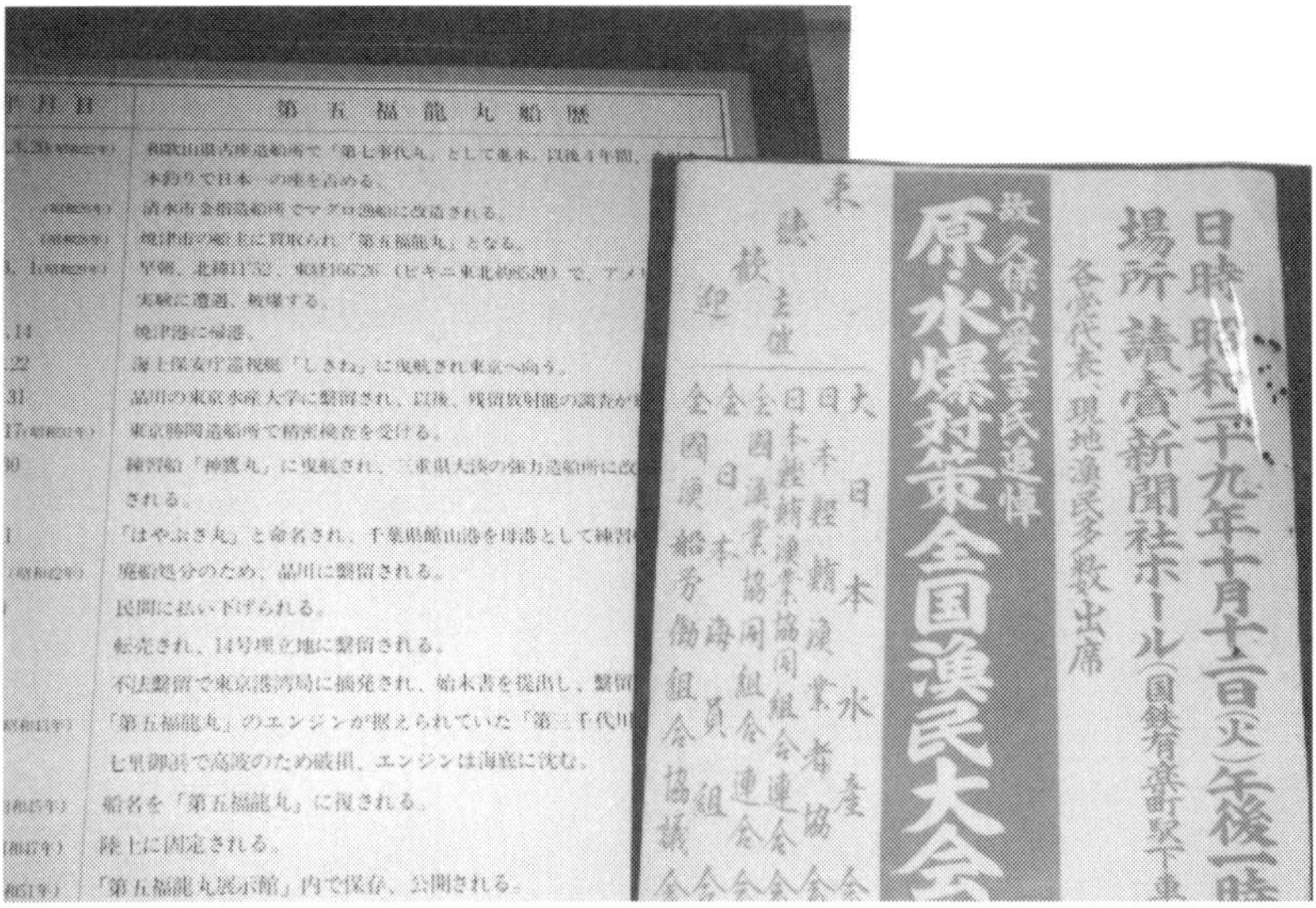

図20. 焼津市立歴史民俗資料館「第五福龍丸コーナー」
（「故久保山愛吉氏追悼　原水爆対策全国漁民大会」のポスターが貼られていた）

東京へ転居してからの八雲は、ほとんど旅行をせず、1897（明治30）年から他界する年まで、毎夏のように一雄を連れ、セツの親戚の少年、成長して青年の「書生」を同伴して、静岡県の焼津に逗留した。泳ぎの得意な八雲は長男に水泳を教えた。自らは医者に泳ぐことを禁じられたこともあったが。最後の年（6度目）には次男巌も同伴している。2年目だけ、別の海辺へ行ったが、3年目からはまた焼津であった。

彼の焼津行は水泳のためばかりではなかった。2階を借りた逗留先の魚屋山口乙吉の実直な人柄を愛したからでもあった。乙吉は彼の大好きな日本の庶民の代表的な一人なのである。女中の1人、「おさき」も「乙吉の娘」であった[18]。焼津はハーンの息抜き場所だったが、坪内逍遙絶賛の「焼津」（『霊の日本』〈1899年〉）を始め、「海のほとり」「漂流」「乙吉のだるま」（『日本雑記』〈1901年〉）などの作品が生まれた。

それにしても、焼津行には帝大に勤務してからの八雲に何となく心のゆとりが感じられる。しかし、同時に、五高教授の秋月胤永もそうだが、乙吉という古風な人物をこよなく愛した八雲の意識や態度と、その古さと係わって残存する部落問題やハンセン病者を除く他の社会的弱者の問題に対する理解とに矛盾を感ぜざるを得ない。共に人間愛の発露であるとは言えぇ。

帝大における八雲の英文学講義の内容は、詩人エドガー・アラン・ポー（1809〜49）を始めとする米文学に及んだ。仏語も得意な彼は、フランスの象徴派詩人達に認められたポーの作品を好み、在米時代に仏文学を翻訳して紹介していたことを基礎に、英・米・仏と日本の比較文学的講義も行った。講義は平易で学生の評判は頗る上々であった。学び手の中には、上田敏、土井晩翠、小山内薫らがいる。松江の尋常中学の教え子もいた。八雲作品の翻訳に先鞭をつけ、日本語で書いた最初の評伝『小泉八雲』を著した田部隆次はその一人である。

通勤にはお抱え車夫の人力車で通った。雇い入れ条件をセツは言う。八雲が「『あの男おかみさんを可愛がりますか』と尋ねます。『そうです』と申しますと『それならよい』と申すのです」[19]。微笑ましい夫婦の会話であるが、何と贅沢なことという感じもする。

ところが、1900（明治33）年3月、文科大学長の後、総長、ついで文部大臣を務めた外山正一が他界した。八雲は主義を曲げて外山の葬儀に参列した。同時に外山の好意に彼が感じていた不安が強まった。外山死去1年後の1月15日、東京帝国大学（1896年に京都に帝大が設立されたので改称）文科大学長で国家主義的な傾向の強い井上哲次郎（1855〜1945）より、同日付の解雇通知が郵送された。夏目漱石が『三四郎』に記している通り、大学当局が西洋人による外国文学科の講義を日本人に切り換える動きを強めた中でのことである。

3月、学生達が大学当局に抗議行動をおこした。井上は八雲宅を訪問し、時間と俸給を半減して留任する妥協案を提示した。八雲は著作に専念する決意を固めてこれを拒否し、3月31日、年度末に彼は東京帝国大学講師を退職した。後任は英国の英文学者の受け売りではない、近代諸科学に裏付けられた日本人学者の日本で最初の英文学講義を行うことになる漱石と八雲留任運動に加わった上田敏であった。

その間、八雲には心の大きな動揺があったようである。退職の前年末であろう、長男一雄を米国で教育したいと考え、セツにも一雄を連れて渡米したいと言っていた。しかし、1年間の休暇（「賜暇」）の要望は、日本国籍のため、却下された。前年、ビスランドらに米国での講義の口の斡旋を頼んでいて、ニューヨーク州のコーネル大学での日本関係学の連続講義の要請を学長から得た旨、彼女からの連絡を受け、その準備をしていた模様である。しかし、この計画は同大学内でのチフス発生問題などで頓挫したと言われている。

東京帝大退職から凡そ1年間のブランクを経て、日露開戦直後の１９０４（明治37）年3月9日、八雲は早稲田大学という名称の専門学校に招聘された。持ち時間は帝大の半分の週6時間で、年俸も東京帝大の半額であった。好遇である。彼の早稲田入りは早大講師になっていた帝大の教え子内ヶ崎三郎の尽力に負うところが大きかった。坪内逍遙も積極的だった。

しかし、9月19日、最初の心臓発作がおこり、26日、再び発作があって急逝した。葬儀は、9月30日、東京で最初に定住した牛込区市ヶ谷富久町(現新宿区)の通称瘤寺《こぶでら》(天台宗・日證院円融寺)で挙行され、遺骨は雑司ヶ谷墓地に埋葬された。生前、瘤寺界隈や雑司ヶ谷を好んでいたからである(20)。

講筵に連なった者に小川未明、相馬御風、会津八一、秋田雨雀、生方敏郎、野尻抱影、西条八十、片上伸ら。彼らの少なくとも何人かのクラスが八雲招聘運動に関係しており、この学生主導の運動が大学当局を促して八雲の出講を実現させたと言えるようである(21)。

早稲田文科の中心的存在だった坪内逍遙（１８５９〜１９２５）にとっては親交を深め始めた矢先の八雲の他界であった。田部隆次『小泉八雲』（１９１４年、早稲田大学出版部版）の序文で逍遙は「怖《おそろ》しみを和《やわ》らげたアランポー《（ママ）》のやうな脈」があり、「基督教臭味を抜き去ったホーソンのやうなところ」があると記している。言うまでもなく、「アランポー」とはエドガー・アラン・ポーのことであり、ホーソンとは、悪や罪について寓話的または象徴的に描出した米国の作家エサニエル・ホーソン（１８０４〜６４）である。八雲の作風の特長に対する賛辞だ。

図21. 八雲の東京旧居跡（新宿区大久保）
1902年3月、市ヶ谷富久町から引越し、ここで他界した。「小泉八雲終焉地」
説明板の右に「小泉八雲舊居跡」碑が建っている（1995年3月撮影）

図22. 東京・雑司ヶ谷墓地の八雲の墓。左は「小泉セツの墓」（2018年10月撮影）

図23. 八雲『怪談』ゆかりの普門院（松江市）（1992年8月撮影）

図24.　赤間神宮境内から壇の浦を臨む（1982年1月撮影　以下同じ）

図25. 平家一門の墓（赤間神宮の脇）
「七盛の墓包み降る椎の露」（高浜虚子）

図26. 日清講和記念館（安徳天皇陵の左隣）

八雲と逍遙はお互いに学び合ったが、八雲が最初に学んだ両人の往復書簡は次のようであった(22)。

八雲は没年の6月、「日本文化を紹介するための示唆」になるような「短い」「現代劇」と「対照」になる「権威ある古典劇を一つ活字」に出来ないか、「ご助言」いただけないかと、新刊の『怪談』を添えて問い合わせた(「」内、関田かおる訳)。これに対し、逍遙は、まず、日本の現代劇の衰退について述べ、次いでわが国の古典劇である能、浄瑠璃、歌舞伎について論理的かつ説得的に解説し、その上で浄瑠璃を「最高の日本演劇」であるとして、殊に「近松は、唯一にして真の劇作家で」「われらが小シェイクスピア」だと推奨した(同右)。彼は、まず、懇切で、しかも肝要を得た返信を直ちに送り、その上で意の足らざる部分を補うべく、日本語で追信し、更に何冊かの文献を他者に届けさせている。『怪談』を贈られたことへの礼は日本語書簡の方へ記した(23)。

八雲は逍遙の誠意ある対応がどんなに嬉しかったことであろうか。このような2人の濃密な交際が僅かな期間で終わってしまったことは、学問・文化の発展の上でも、誠に残念なことである。

来日後、11番目の著書『怪談』は八雲が手に取ることの出来た最後の作品集である。

『怪談』の中で、「雪女」と共に知られた双璧は冒頭の「耳なし芳一のはなし」であろう。平氏滅亡にまつわる怨霊話と結びついて芳一伝説が生まれた。かつて赤間関《あかまがせき》と称された下関の瀬戸の上に立つ赤間神宮(元阿弥陀寺)の境内には安徳天皇の赤間陵やその祖母二位局《にいのつぼね》(平清盛の妻時子)他の平家一門の墓がある。阿弥陀寺住み込みの琵琶法師をまつる小さな芳一堂も建っている。芳一伝説は平家一門の亡霊に招かれて弾誦する八雲作品の登場によって有名になった。

この作品の原拠と考えられる作品が4点、富山大学へルン文庫に所蔵されている(24)。巻之二に「琵琶秘曲泣《シム》幽霊《ヲ》。娼楼焼《キ》香《ヲ》、驚《カス》五狐《ヲ》」が収められている一夕散人編著『臥遊奇談』(1782年開板)、「小宰相の局　ゆうれいの事」を収録している『宿直草《とのいぐさ》』(1677年開板)、『宿直草』が改題、板行された『御伽物語』、「赤間留　幽鬼　附《つけたり》　鶴都《つるいち》古塚の前にて琵琶を弾《ク》事」が収録されている『御伽厚化粧』(1734年開板)が、それである。『臥遊奇談』のみを典拠だとするのは正しくない。

紙幅を割いて「耳なし芳一」の典拠を紹介するのは、これらの文献を蒐集し、八雲にただ読みあげるのではなく、語り聴かせたのがセツだからである。セツは八雲の単なる助っ人ではない。彼を主体的にリードしていることも少なくなかったのだ。

序に記せば、『思ひ出の記』に彼女は次のように語っている[25]。

　『怪談』の初めにある芳一の話しは大層ヘルンの気に入った話でございます。中々苦心致しまして、もとは短い物であったのをあんなに致しました。「門を開け」と武士が呼ぶところでも「門を開け」では強味がないと云ふので、「開門」と致しました。

原文では‘“Kimon !”the Samurai called’となっている。「開門!」が「開門」になっているのは残念だが、音《おん》の響きを適切に表　現しているのである。また、「短い物」が長くなっていると語っているのは、欧米人を読者に想定しているハーン作品故に説明不足は許されないからであり、実際には凡そ4倍程になっているが、そのことは同時に参考文献を幾つも利用していることをも示しているだろう。

　ところで、八雲と同様、米国でポーに傾倒していた詩人の野口米次郎（ヨネ・ノグチ。1875～1947）に教えられたことだが、八雲は上田秋成《あきなり》（1734～1809）の日本と中国の古典に原拠した怪奇小説の読本『雨月物語』（5巻5冊。1768年成稿）9編中の「菊花の約《ちぎり》」「夢応の鯉魚《りぎょ》」を翻訳し、『或る支那の妖怪談』（『中国霊異談』＜‘Some Chinese Ghosts’＞のこと。1887年）を著している[26]。これらは『怪談』執筆の肥料になっていることであろう。

　野口は1910年に英文で『日本におけるラフカディオ・ハーン』という短い評伝を出版している。この著はエリザベス・ビストランド編『ラフカディオ・ハーンの生涯と書簡』2巻（1906年）と共に、ハーン没後初期のもっともまとまった人物評・作品評であるフランスのジョゼフ・ド・スメの『ラフカディオ・ハーン——その人と作品』（1911年）の典拠になっている。

　八雲が他界した月に、来日後、12番目の著作『日本——解明の一試論』2巻（マクミラン社）が出版された。本が日本に到着したのはその翌月である。校正を終えた八雲は、残念ながら、この著書を手に取ることが出来なかった。

　八雲絶筆のこの大著は彼の日本についての総括の書だと言える。「卒業」論文と称する人もいる。十五年戦争期に別名『神国日本』で2度も出版され、国粋主義を助長するために恣意的に利用された所為もあって、評価が複雑に分かれることがある。私自身は、今日から見れば、問題点や誤解は少なからずあり、天皇制絶対主義賛美の1点は許し難いが、当時としては学問的追究の水準は高く、首肯出来る内容の多い日本論だと理解している。この本は、米国のコーネル大学で講義するために準備した草稿の改筆の由。講義出来なかったことは本人にとって残念なことであったろう。

この力作は八雲自らの意志で出版された最後の著書である。親しかったチェンバレンは「おのが天職を尽さむとしたハーンの「最後の著書二巻も亦、斯くて作り得られしなり」と高評している(27)。チェンバレンは八雲のかなり一方的な言動から2人の人間関係が悪化した時期もあり、この「最後の著書」でも、名指しではないが、厳しい批判の対象にされている。にもかかわらず、彼はその価値を十二分に認めているのである。学問をする者の見習うべき態度である。

3. ハーンの神道、広く日本の宗教認識

(1) 『日本――解明の一試論』以前

ハーンは日本に上陸したその日から神道を始め、日本の宗教を追求する「旅」に出ていた。

『知られざる日本の面影』の別訳名『日本瞥見記』上巻の「極東第一日」（第1章）を繙くと、ハーンは横浜に着いて、すぐ、物語では市内の寺院で偶然に出遇った20歳前後の「寺僧」の「アキラ」と知り合い、神社・仏閣を案内してもらいながら、「神仏《かみほとけ》を呼ぶのに」「召使いを呼ぶと同じに」、なぜ「三ど手を打つ」のか、イロハのイである柏手《かしわで》を教わった(28)。

アキラは英語を話せる青年であった。ハーンは彼に8月下旬出立の松江行に同行してくれと頼んだ。姫路停車場からハーンは俥《くるま》で、青年は歩行《かち》で、寺社を巡りつつ、中国山地を越えた。途中、千代川《せんだいがわ》に沿って鳥取市へ下る智《ち》頭街道の宿場町智頭に近い「上市《かみいち》」（上市場。現大山町）の妙元寺で盆踊りを見物、否《いな》、見学した。自らの感動を作品「盆踊り」（同第6章）に詳しく描写した筆致は絶妙だ(29)。

作中の盆踊りは、6節中の第4節の終わりへ来て、「ひとりの娘がいきなり腰掛から立って、大きな太鼓をひとつドンとたたいた」で、やっと、始まった。第6節の後に、ハーンは「この小篇を書いて以来、わたくしは日本の諸方で盆おどりを見たが、これとそっくり同じな踊りはまだ見たことがない」と記している。どこもみんな、歌や太鼓の調子、踊る仕種《しぐさ》が一様ではないのだ。ハーンは、同じ来世の先祖と娑婆の子孫の対話であっても、1類毎に異なっていることを識ったのである。

『日本の面影』の別訳を読み進めていくと、「神々の国の首都」（同第7章）出雲の松江に着いた翌月にハーンが西田千太郎の紹介状を持って杵築の大社（1871年、正式に出雲大社となる）へ参拝に行き、西田と昵懇の出雲国造《くにのみやつこ》末裔の千家尊紀《せんげたかのり》に面会した。作品「杵築――

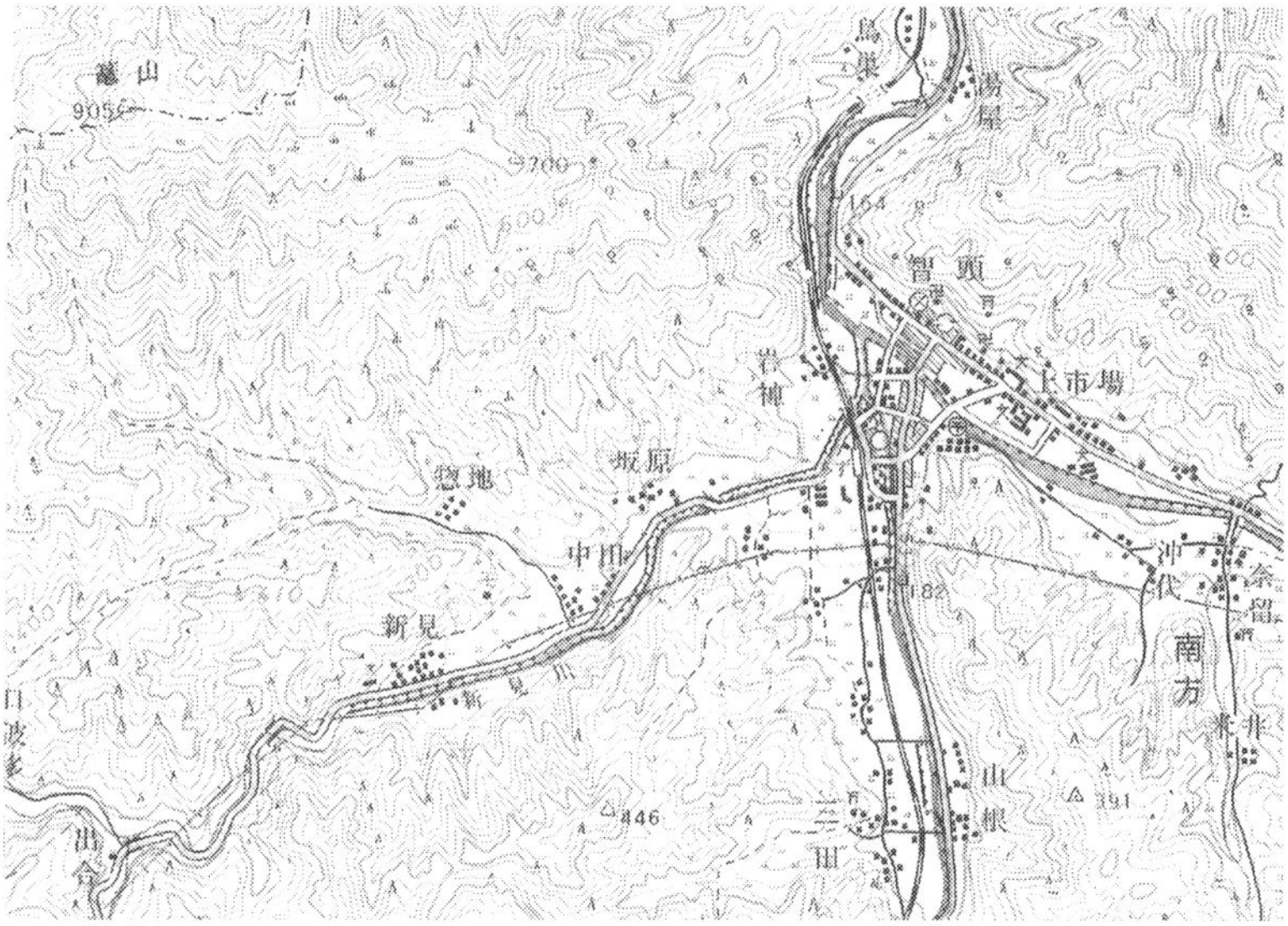

図27. 智頭・上市場界隈
（国土地理院発行　1：50,000　地図）

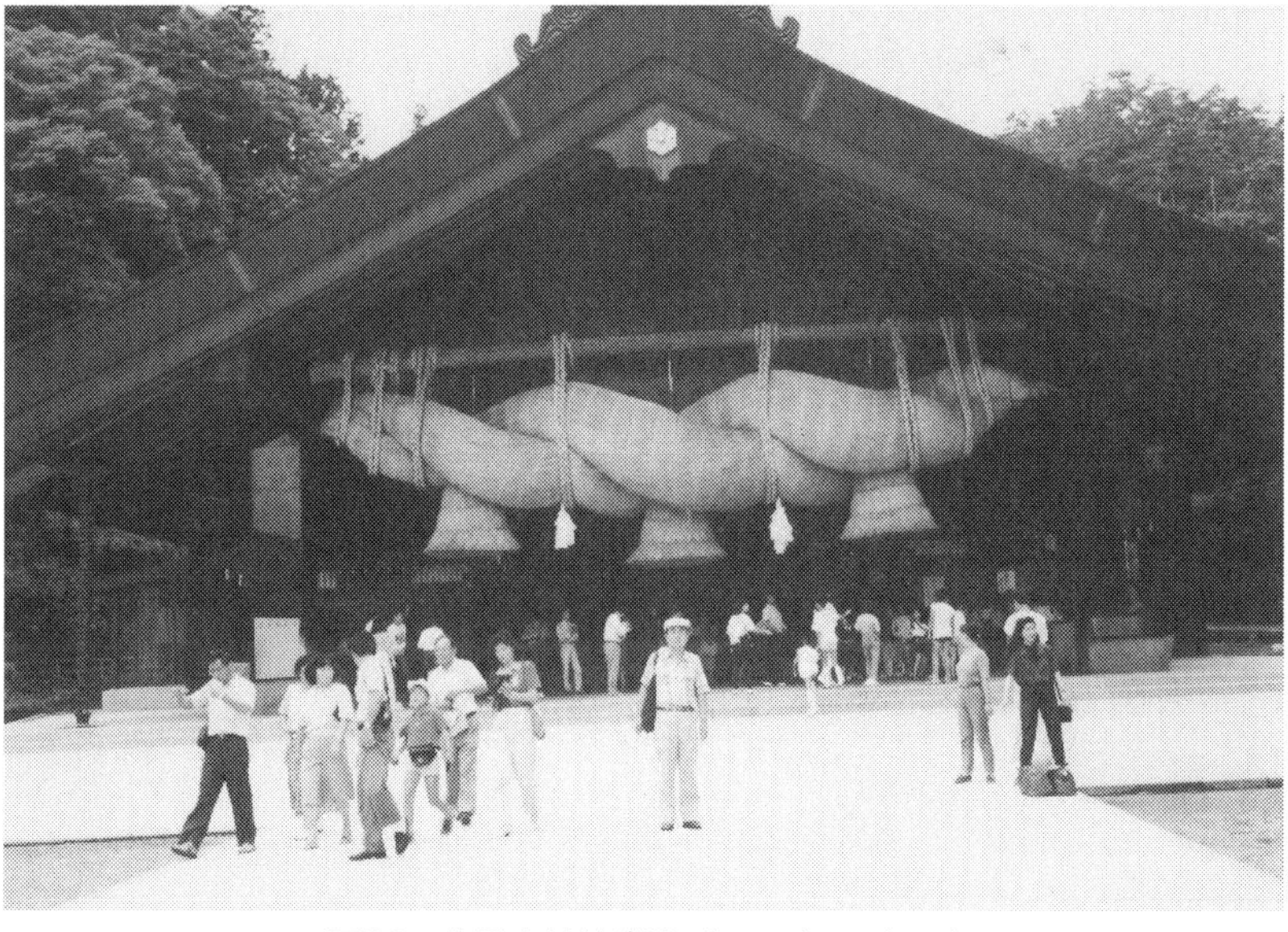

図28. 出雲大社神楽殿（1992年8月撮影）

日本最古の神社」（同第8章）からは、ハーンは「六十五代の国造と、十五代の地祇《ちぎ》（地上の神—筆者）をさかのぼって、天照大神とその弟素戔嗚尊に達する」と伝承される千家に「大社に昇殿を許された最初のヨーロッパ人」とされるなど、厚遇を受けたと読み取れる(30)。

しかし、この時期の西田の日記には関係記事がない。作品の叙述が事実なら、几帳面に記録する西田にしては珍しいことである。しかも作品では同行者はアキラになっている。

西田日記では、この件に関する記述は翌年7月29・30日の条に「ヘルン氏ト共ニ大社ニ昇殿○ヘルン氏ト共ニ千家氏ニ招カレ」、「非常ニ丁重ナル饗応ヲ受ケ夜半ヲ過テ帰ル。ヘルン氏大酔」、「ヘルン氏ト千家氏方ニ至リ昨日ノ恵ヲ謝ス」とあるのみ(31)。セツもこの件に関しては「二十四年の夏休みに、西田さんと杵築の大社へ参詣致しました。ついた翌日、私にも直ぐ来てくれと手紙をくれました」云々と述べているだけである(32)。したがって、ハーンが昇殿したのは松江赴任の翌年の夏休みということになるだろう。作品には事実と異なる部分があるのだ。いずれにせよ、ハーンは伝承で素戔嗚尊と八岐大蛇《やまたのおろち》を退治した彼に救助された櫛稲田姫命《くしなだひめのみこと》（八重垣姫）の子であるとされる大国主命を主神とする杵築大社との出会いを一大契機に、神道に対する関心をすこぶる高めたのであった。

彼は作品「杵築」で神道について既に次のように述べている(33)。

「ある学者には」「たんに祖先崇拝のごとくに見え」、別の学者にはそれが「自然崇拝と結びついたものに見え」、「ある人には」「宗教ではないと思われ」、「宣教師のなか」には「最も低い形の邪教だとさえ考えているものがあるくらいだ」。西洋の東洋学者達は『古事記』『日本書紀』や祝詞《のりと》、「神道の大学者本居《もとおり》・平田の註釈書」など、「典籍のなかにのみ」「神道の淵源を求めた」が、「神道のほんとうの姿は」「国民の心情のなかにある」。「自分では意識しない本能とまでなっている」「隠れた国民の魂を、知るように心がけなければならないのである」。

本居宣長《のりなが》や平田篤胤《あつたね》らの著作など、典籍に依拠する文献学者批判は、名指しはしていないが、親しいチェンバレンらに向けたものであった。平素、小声の自身は、高らかに祝詞をあげているのに、ハーンはそれだけでは駄目だと言っているのである。

ハーンの神道認識を別の作品で見る。

アジア太平洋戦争前の国定教科書『小學國語讀本』の「稲むらの火」にもなった、紀州有田郡の海岸地帯の高台に住む庄屋浜口五兵衛が地震後の大津波の襲来を発見し、わが稲叢《いなむら》に火を付けて海辺の村人に報知して90軒400人の生命を救助した実話をハーンが取り上げている。

『日本振袖始』 岩長姫とその化身八岐《やまたの》大蛇《おろち》退治天照大神の命で孫の瓊瓊杵尊《ににぎのみこと》が大八洲国《おおやしまぐに》を統治するために高天原《たかまのはら》から日向の高千穂峰に降り（天孫降臨）、木花《このはな》開耶姫命《さくやひめのみこと》と結婚した。妹の幸せな結婚を嫉《ねた》んだ岩長姫の化身である出雲の簸《ひ》の川に住む八岐大蛇は天孫配下の天照の弟素戔嗚尊《すさのおのみこと》の妻稲田姫命《いなだひめのみこと》を餌食《えじき》（人質）にした。稲田姫は宝剣を衣服に隠し持っていた。素戔嗚は急遽出雲に駆けつけ、八岐大蛇を成敗し、大蛇の腹を裂いて稲田姫を救助すると、彼女は宝剣を持っていた。素戔嗚は宝剣の威光によって叢雲《むらくも》が立ちのぼるのを見、宝剣を「天《あめ》の叢雲」と命名した。（『図録』参照）

図29. 近松門左衛門作・人形浄瑠璃『日本振袖始《にほんふりそではじめ》』（大蛇《おろち》退治の段）
（国立文楽劇場第15回文楽公演　平成30年7・8月『図録』）

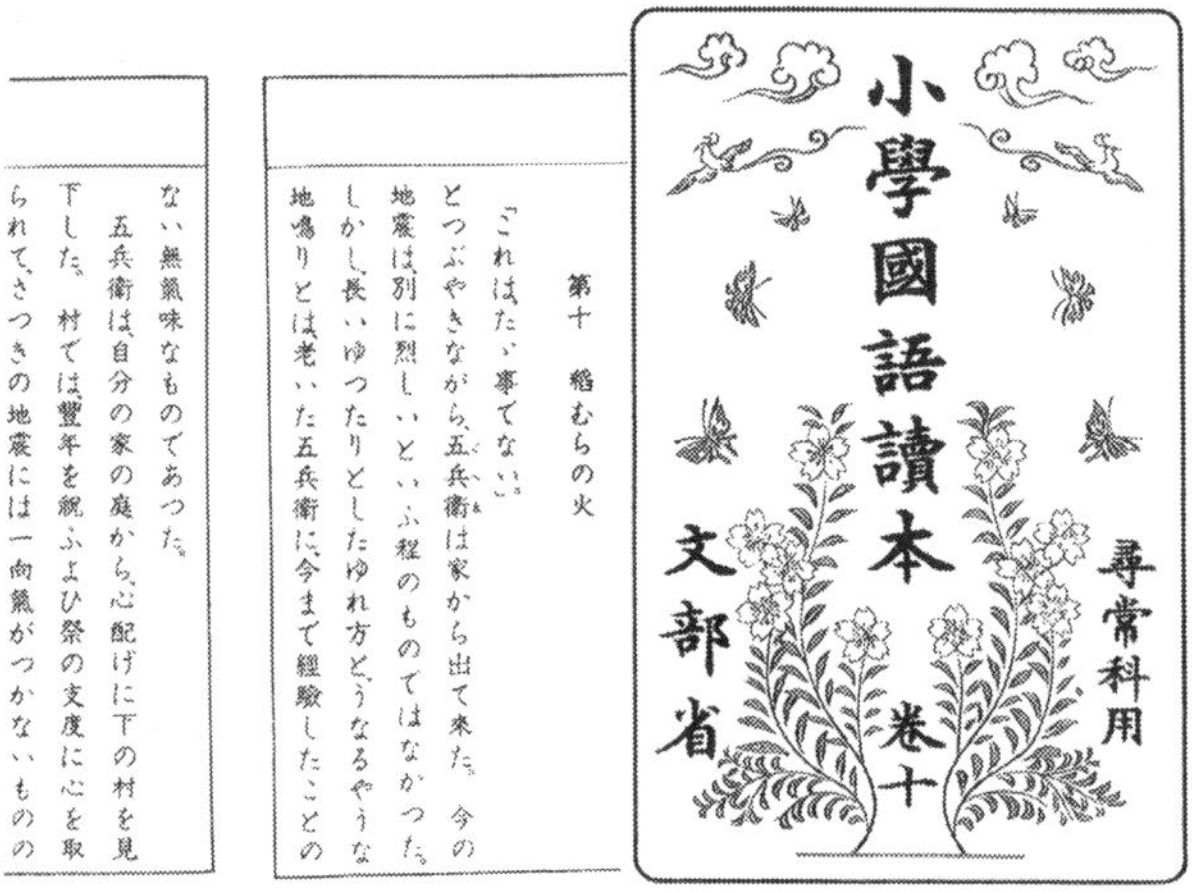

小學國語讀本
尋常科用
巻十
文部省

第十　稲むらの火

「これはたゞ事でない。」

とつぶやきながら、五兵衛は家から出て来た。今の地震は別に烈しいといふ程のものではなかつた。しかし長いゆつたりとしたゆれ方と、うなるやうな地鳴りとは老いた五兵衛に、今まで經驗したことのない無氣味なものであつた。

五兵衛は自分の家の庭から、心配げに下の村を見下した。村では豊年を祝ふよひ祭の支度に心を取られて、さつきの地震には一向氣がつかないものの

図30. 『小學國語讀本』「稲むらの火」

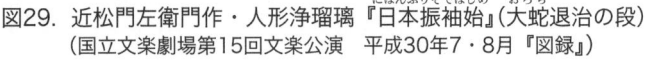

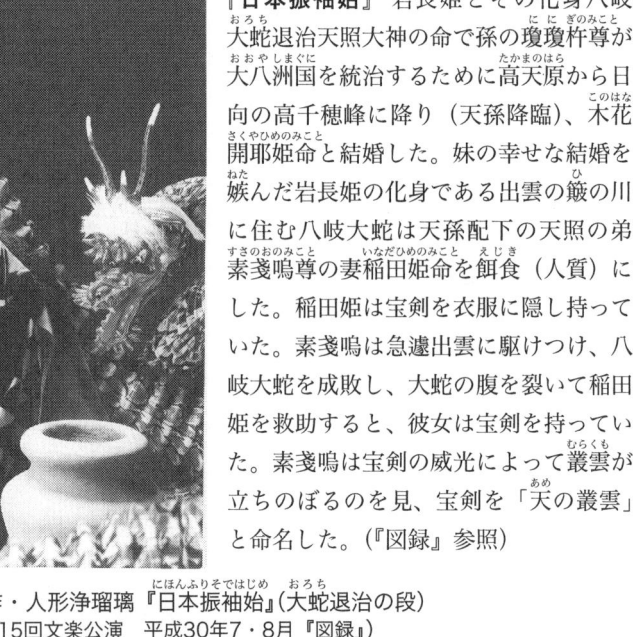

'A Living God（「生きている神様」拙訳）が、それである。その中でSinto（神道）を論じている1節を示す(34)。

Again you cannot mock the conviction of forty millions of people while that conviction thrills all about you like the air,——while conscious that it is pressing upon your psychical being just as the atmosphere presses upon your physical being.

あなたは4000万もの人達のこの信心を馬鹿にすることは出来ない。その信心があなたの周辺で空気のように振動している限りは——当然のこととして、大気があなたの体に迫ってくる如く、その信心はあなたの肉体に迫ってくるのだ。（拙訳）

ハーンの言う「神道」は国家神道のことではなく、土俗的な「神様」に対する「信心」のことである。彼は「迷信」と言われるような場合でも、それを丸ごと受容した。その人あるいは人達の「信心」として。ハーンはチェンバレンらの如く論理的に神道を解明しようとするのではなく、日本の民衆の心の中の信心をわが心に感じようとしたのである。

このような神道、広く日本人の宗教に対する理解であるから、『日本の面影』上巻が第1章から終章（第15章）までの全てが神と仏、神か仏、日本の宗教の物語であることも、下巻第16〜27章に日本の宗教と無関係な作品が1章もないことも、当然なのである。

他の著書、例えば『心』の中にも宗教に関する作品は、「因果応報の力」「祖先崇拝の思想」など、4点あり、前掲の「昔からある神仏を、後生だいじに守っている——焼津の人達の物語」である「焼津」を始めとする、焼津もの4点もまた宗教に関係する作品である。八雲没年刊行の『日本——解明の一試論』に着手する以前から、日本の宗教、就中、神道の解明は彼のメイン・テーマなのであった。

(2) 『日本——解明の一試論』 問題点に触れて

『日本』は、如上の幾つかで示したような叙述を集積し、祖先崇拝を中軸とする神道、その神道をバックボーンとする信心、換言すれば、漠然とした宗教を中心に日本歴史を通覧しながら、日本民族の特性を分析した上で、20世紀初年代の日本の文化、社会、政治、経済、軍事をフォークロリスト的文人の目で観察し、わが国の当時の現況を批判しつつ、将来に向けて幾つかの提言をしている論著である。そこには、主観的だが、八雲の日本人に対する情愛が窺える。

日本人・日本の「わかりにくさ」を第1章とした『日本』は、第3章「上代の祭」で「日本の国の正教」「国教」は「あらゆる文化国家の宗教」である「祖先崇拝の祭であ」り、「これを総括して『神道』」と称し、神道には「三つの形式」があって、第1は「家のなかの祭」、第2は「氏族もしくは部族の祭り」、即ち「鎮守の神の祭り」、第3は「天皇家の先祖の祭」、即ち「国家の祭である」が、「進化の順序からいって」「家族の祭」が「最も古くおこ」り、それは「原始的な家族の祭から順次に発達」して「現存している」、それ故に「日本の社会的進化を研究するためには、まず、『家族の祭』を第一に考察しなければならない」と論じている。日本を知るためには、「神道」、それも「家族の祭」から見ていこうと言うのである。

八雲のこの考え方には、彼が1880年代半ばに決定的に影響を受けたハーバード・スペンサー（1820～1903）の「進化論哲学」が投影されている。スペンサーはダーウィンの進化論を人間社会に適用する社会ダーウィニズムの創始者で、彼の『総合哲学大系』全10巻はハーンのバイブルであった。

第1章で神道を概観したこの著書は第4章で「家の宗教」を、第5章で「家の死者の祭を維持」する観点から「日本の家族」を取り上げ、第6章で「地域社会の祭」に及び、第7章で「神道の発達」を論じ、第8・9章の「礼拝と清め」、「死者の支配」まで祖先崇拝とその祭を行なう家族を取り上げ、第10・11章で「仏教の伝来」と「大乗仏教」を立てて儒教に触れ、仏教の神道併呑の動向や在来の神道との混融などを説いた上で、第12章「社会組織」で古代以来の社会構造、殊に近世の身分、「士、農・工・商、穢多・非人」を詳述し[35]、第14章「忠義の宗教」で「殉死」や「ハラキリ」を語り、第15章の「キリシタン禍」では、残酷な弾圧を扱うと共に、「皇帝」徳川家康とその外交顧問になった英国人ウィリアム・アダムス（1564～1620）との交渉を臨場感豊かに伝えている。そして、第16章「封建制の完成」の後、第17章の「神国の復活」では、幕長戦争から戊辰戦争を経て西南戦争に至る（旧）幕府勢力と（旧）幕府排斥の諸勢力の複雑な活動を取捨して単純化し、「徳川幕府」が「瓦解」して「文武の最高権が、ミカドに復帰」したと述べた上で、「神道の祭が」「本来の簡素な形のまま復活して」『国教』であると宣明され」、明治維新の諸改革が行なわれたことを記している。そして、これに続いて八雲は日本の当時の現況につき、独特の見解を披瀝した。

曰く。「国民は、神道の伝統の上に」「太古の神々の子孫である」「統治者のまわりに集まり」、「かれの命令にきびしく従うことによって、危機は、避けられる」。「その天皇の命令というのは、だから国民は勉強して、できるだけ敵国と知性の上で肩を並べられるように努力すべし」ということであった。この「天皇の命令が、どんなに誠実に守られたか」、「わたくしが言うまでもない。日本は、自分で獲得した力の権利で、近代の文明諸国の仲間入りをした。――つまり、新しい軍事組織で恐れられる「国になったのである」。「このみごとな自己改善をした力、日本はこれを自国の上代の祭――祖先の宗教から生まれた道徳的慣習に負うているのである」。

「天皇の命令」とは、大日本帝国憲法発布の翌1890年10月30日に発布された教育勅語のことである。ハーンは『日本の面影』下巻所収の島根県尋常中学在勤中を描いた第19章「英語教師の日記から」に、翌月、「全国の大きな公立学校に」「下賜された」「勅語の奉読を聴」いたことを認め、勅語全文と共に、斉唱した「国歌」も載せている(36)。

八雲のこの見解は日露開戦前後の時代状況即応の内容で、天皇制絶対主義・軍国主義への迎合となっている。

西田日記では教育勅語を重要事項として別記し、「此《この》月三十日、我国臣民ノ共ニ遵守スベキ教育ノ基礎ニ就キ勅語ヲ下シ賜フ。文部大臣訓示ヲ発シ、且勅語ノ謄本ヲ各学校ニ頒布ス」と認められてある(37)。客観的な記述だが、「臣民」の全ての徳目の実践が「皇運」の「扶翼」のためにのみあることに気付いてはいない。ハーンはどうであったろうか。

松江の尋常中学では、県知事が「県庁の職員と、松江市のおもだった人々を随えて来校し」て「奉読」した。勿論、尋常師範学校の学生と教職員も参列した筈である。ハーンは「式」の様子を細々《こまごま》と書いている(38)。島崎藤村も『破戒』で凡そ1年遅れて91年11月3日の天長節（天皇誕生日）に主人公瀬川丑松が勤務する信州飯山町の小学校で初めて教育勅語が「朗読」されたことを詳細に記している。これは同年6月布告の「小学校祝日大祭日儀式規程」に基づく「式」の描写である(39)。管見では、ハーンと藤村の作品は教育勅語の朗読を叙述した文学の双璧である。しかし、「奉読」と「朗読」の違いは前者が翻訳であるだけの所為ではない。

最後の章（第22章）「反省」の中で強調されている1つに、「天皇の命令ならば、一命をささげることを願う」「庶民のなかにある」「勇猛心」がある。校正中にでも加筆したのであろうか、「ロシア軍も」兵器より、勇猛心という「信仰の方をよけいに恐れなければならないだろう」と「宗教的武烈」を語り、更にその註として小字で、1904年3月27日の「第二次旅順口閉塞」後に明治天皇から「褒功」の勅語を受けた連合艦隊司令長官東郷平八郎の「奉答文」に記されている「（前略）戦死セル将卒ノ忠魂モ永ク戦地ニ止マリテ皇軍ヲ庇護スベキヲ

図31. 日露戦争時の連合艦隊旗艦「三笠」(15,140トン、全長132m)
左手に立つは司令長官東郷平八郎の銅像（横須賀。2004年11月撮影）
現在、横須賀港のメインは米海軍基地

覚ユ」（3月31日付『ジャパン・タイムス』紙所載）を引用し、八雲は「神道の特色がよくあらわれている」と論評していた。天皇制軍国主義丸出しで、教育勅語の真の精神が滲《にじ》み出ている文章である。ヒューマニズムの精神が欠如している。

八雲は、何故、天皇制絶対主義・軍国主義に迎合するが如き意識・態度になるのであろうか。

これは難問であるが、ラフカディオ・ハーンとして彼が来日した時期とその後のわが国の歩んだ道筋と深く関係していると愚考する。

彼が来日したのは、前年に発布された大日本帝国憲法の規定に基づいて帝国議会が開設され、外見的には近代的な立憲君主国家を装った1890（明治23）年である。「大君」（将軍）を頂点とする幕藩・封建国家に取って代わり、世界史的には時代遅れの絶対主義的天皇制国家がまさに確立される時期のことであった。

憲法とその告文及び勅語で天皇の主権を規定し、無答責（法律上の責任を負わなくてもよいこと）を明示しただけでなく、『古事記』『日本書紀』で皇祖神の子孫とされている天皇が神聖不可侵の権威を背景として永遠に臣民に君臨するのが当然であるとし、忠君を臣民に墨守すべき極の道徳として強制し、浸透させるべく、前述の通り、教育勅語を発布した。これより先、1882年に軍人勅論が公布され、統帥権を掌握する「大元帥」天皇への絶対的服従を強調し、兵士が天皇のために進んで生命を捧げるべく、強制的に訓練させた。義務教育と徴兵を通じて、これらの精神が大多数の臣民の中に浸透させられていったのである。

在日15年に満たないハーン（八雲）のこの国での観察・思索・表現を思考する場合、多くの日本臣民と同様、彼が天皇の絶大な権力や権威の束縛に規定されていたであろうことも念頭におくことが不可欠である。

中世や近世でも最上級の武士は己《おの》が権力を保持するために天皇の権威を利用したが、民衆はどうであったか。中世は知らず、近世では、一部の人達は近松門左衛門の浄瑠璃や歌舞伎などを通して天皇の存在を知っていたに相違ないが、大半の人々には天皇を全くか、あるいは殆ど知らなかったようである。

ところが、ハーン（八雲）は絶対主義的天皇制の確立期以前の体験はない。したがって、彼はつい先頃まで天皇が多くの日本人の意識の外にあったことを体験的に知ることは出来なかったのである。永い間、天皇が政治的権力から遠ざかっていたことは、『日本』で自身が叙述している通り、学問によって理解していたが、天皇が神格化されたのが明治維新の改革後であることはきちんと知ってはいなかった。彼は、権力を保持していなくても、天皇には恒久的に権威があったと想い込んでいた節がある。それは彼の叙述・論述の随所に見られることであり、絶対主義的天皇制容認に陥り易い所以である。

しかし、一方で、八雲は天皇制絶対主義・軍国主義に迎合するような意識をもち、態度をとる反面、『日本』の近代に入ってからの章の1つ（第21章）「産業の危機」の中で、資本主義の発達によって生まれた「新しい資本家階級から成る寡頭政治のにわかな勃興」に触れ、「親方と下職との」「温情関係のかわりに、最悪の工場生活のあらゆるいやなことが、人権じゅうりんを押さえる何の法規もないままに、生まれ出てきて」おり、「使役に従わされた女子供の悲惨な状態は」「動物にさえ親切温情で知られた国民の一面に」「不思議な残酷性もあるものだということを証し」、「今は改革に対する人間的な叫びが起こっている」と、1900年前後の社会・労働問題と運動を、抽象的にではあるが、紹介している。そして、その上で、「日本が、国民をして親切の道から離れることを許すとすれば、それは日本の国自身が」「『神の道』から離れることになる」と論じている。庶民を愛する八雲らしい見解で、神道の二律背反的主張である。

また、終章「反省」で、一神教のドグマの強制を厳しく批判し、とりわけキリスト教の「伝道師制度」を「すべて昔の型の文化をおしなべて攻撃するという、西欧文明の小競合《こぜりあい》の力を代表したようなものだ」、「強大な、高度の進化をもった社会が、弱小な、進化の低い社会に向かって進撃する、第一線の特攻隊みたいなものである」と、伝道師が侵略・支配の先兵であった場合が少なくなかった歴史的事実に基づいて、語気鋭く弾劾しているのである。厳しい弱肉強食批判だ。彼は同じく終章で「日本は、ロシアの軍艦や銃剣などよりもずっとはるかにイギリスとアメリカの資本を怖れなければならない」と我が国に警告してもいる。これも同一の趣旨である。しかし、日本は「怖れる」だけでなく、米国・英国との対立を強め、帝国主義国として、韓国併合を手始めに、中国への侵略を強行していった。

八雲が採っていたのは、基本的には、本来は宗教を始めとするそれぞれの文化・社会形態を丸ごと認める寛容な態度と主張であったと見られるが、天皇制絶対主義・軍国主義の容認はそれからの逸脱と言えるのではまいか。『日本』に見る1900年前後の現代は、相反する若しくは矛盾する叙述・論述を披瀝して終わる。

おわりに

ラフカディオ・ハーン（小泉八雲）の調査と執筆の態度をフォークロリスト（民俗学者）のそれであると最初に指摘したのは、管見では、英文学者であった丸山学（1904〜70）である。彼は日本民俗学の創始者とされる柳田国男（1875〜1962）に師事して民俗学を研究し、1936年に『小泉八雲新考』を北星堂書店から上梓した。

丸山は、チェンバレンを引き合いに出して、民俗学者としての業績は「ヘルンの著作以上の価値を持つものであるかもしれないが、その報告の及ぼした影響の範囲を考えると」「遥かにヘルンに及ばない」と断言している(40)。前半は民俗学をどう捉えるかの如何によって評価が分かれようが、後半は現在も丸山の言う通りになっている。

ハーン（八雲）の影響力を日本の民芸（民衆芸術）運動の理論的・実務的リーダーであった柳宗悦《むねよし》（1889〜1961）は1919（大正8）年に次のように述べた(41)。八雲の天皇制絶対主義擁護の側面は見ずに。

> 或国の者が他国を理解する最も深い道は（中略）宗教や芸術的な内面の理解であると想ふ。（中略）純な情愛に基く理解が最も深くその国を内より味はしめるのであると考へゐる。（中略）恐らく今までハーンほど日本を内面から味はひ得た人は無いであらう。（中略）朝鮮に住み朝鮮を語る人々の間にはまだハーンのやうな姿は一人もないのである。

彼はハーンと同じく「内面の理解」を強調し、朝鮮との係わりでハーンでありたいと願った。

1910（明治43）年の韓国併合後、日本政府は、朝鮮人を蔑視・抑圧しつつ、同化する政策を推進し、柳が24（大正13）年に京城《けいじょう》（ソウル）に朝鮮民族美術館を開設する際、朝鮮総督府が「民族」の文字を削除するよう圧力を加えた。しかし、民族固有の造形美をまもろうとする彼は、断固、これを拒絶したのである(42)。

ハーンに憧れて来日した英国人の1人にバーナード・リーチ（1887〜1979）がいた。1911年に6世尾形乾山に弟子入りした彼は千葉県我孫子の柳宅に窯《かま》を築き、作陶した。その彼との邂逅で陶芸家の道を歩むことになった富本憲吉（1886〜1963）、河井寛次郎（1890〜1966）、浜田庄司（1894〜1978）の3人が、26年、日本民芸美術館設立に柳と共に名を連ねたのであった。

富本は程なく独自に陶芸における個人主義の確立をめざす道を歩んでいくが、河井と浜田は民芸運動における実作の旗手となった(43)。

一方、35（昭和10）年に帰英したリーチは陶芸における東洋と中世以来の自国の伝統との融合を図るべく主張し、陶芸界を主導した。同時にリーチはナチ・ドイツの迫害から逃れてユダヤから亡命してきた陶芸作家ルーシー・リー（1902〜95）の苦難の克服に協力し、彼女が先駆けとなった英国の個性豊かな現代美術世界の創造・発展に協賛した(44)。

ハーンへの憧憬に出発した陶芸世界におけるバーナード・リーチの果たした役割は大きい。彼のこのような創作活動を支える芸術的理解の源泉の1つにハーン（八雲）の著作があったのである。

【註】

（1）関田かおる「ハーンの父母像とその変容」（『ユリイカ　詩と批評』1995年4月号）。関田はエリザベス・ビスランド編集・執筆の『ラフカディオ・ハーンの生涯と書簡』（1906年）に収録されている自筆草稿数篇中の最晩年の童話的小品「マンマさん」を分析し、ハーンの母親の苦悩に対する理解を明らかにしている。ハーンは妻セツを英国人として母国に同行した場合を連想していたのである。

（2）(10)(11)(14)(18)(19)(20)(25)(32)小泉節子『思ひ出の記』（2003年、ヒヨコ舎）。底本（1914年、早稲田大学出版部）の「明らかな誤字・脱字以外」は忠実な由。『思ひ出の記』はセツの有能さを証明している本でもある。

（3）小泉時『ヘルンと私』（1990年、恒文社）、速川和男「小泉八雲と新宿」（図録『新宿ゆかりの明

治の文豪三人展「漱石・八雲・逍遥」』〈１９８０年、新宿区立新宿歴史博物館〉)。

(４) 関田かおる編著『知られざるハーン絵入り書簡』(１９９１年、雄松堂出版)、関田かおる「秘められたハーンの書簡」(『学鐙』１９９１年12月号)。

(５) クレオール語とは仏領インド諸島だけで用いられるようになった独特の言語ではない。スペイン・英国領の西インド諸島や西欧諸国に植民地化されたアフリカや東南アジアでもそれぞれ独自のクレオール語が生まれていた。クレオール語を作品に活用したハーンの場合がよく知られているのである。なお、西インド諸島は、今日では、アンティル諸島と呼称するのが一般的である。

(６) 関田前掲「ハーンの父母像とその変容」。関田はビスランド前掲『ラフカディオ・ハーンの生涯と書簡』所収の最晩年の童話風小品「パパさん」を分析し、母ローザを捨てた亡父チャールズに対して寛容な態度に変化していることを明らかにしている。自らも結婚した混血黒人女性を不幸にしたとの自責の念に苦しんだレオナルドだったからである。なお、ハーンには異母妹が３人いた。

(７) ハーンは、アメリカ時代の最末期の１８８９年秋、渡日準備の一環として、B・H・チェンバレン訳『古事記』などを読んでいた。

(８) 池田達雄編『西田千太郎日記』(１９７６年、島根郷土資料刊行会)。この刊行本を島根大学付属図書館所蔵写本と照合すると、異同がすこぶる多く、利用不可能な部分も少なくない。

ハーンが松江を離れて熊本へ移転する時期の日記で例示する。〔〕内が写本。

十月八日（前略)「〇ヘルン来訪曰ク、〔来訪、曰く〕熊本ナル高等中学校ニ転任ヲ勧メラレ（月俸二百円)、畧〔略〕応聘ノ事決心セリト。松江ノ気候同氏ニ適セザルガ為近来稍〔稍々〕病身トナラレシヲ以テ、転地ハ〔以テ転任ハ〕」(中略)「必要ナルベキカ。」(後略)

(９) 立脇祐十「小泉家について」、後藤昴「武人、小泉湊の小伝」(『へるん』第24号、１９８７年)。セツの事情は次の通り。

セツは生後７日目に縁戚の稲垣金十郎の養女となり(養母はトミ)、１８８６年に養子に入った者と結婚したが、１年後に夫が出奔したため、90年１月、離婚が成立し、小泉家に復籍した。なお、１９０１年、ハーンとセツの次男巌が稲垣トミと養子縁組をした。

(12) 雨森信成「人間ラフカディオ・ハーン（『アトランティック・マンスリー』１９０５年10月号。平川祐

弘編『小泉八雲　回想と研究』〈1992年、講談社〉所収仙北谷晃一訳)。

(13)戸籍謄本には次のように記載されている(前掲図録『新宿ゆかりの明治の文豪展三人展「漱石・八雲・逍遙」』)。

セツ入夫、小泉八雲嘉永三年六月二十七日生。明治二十九年一月十五日願済、同年二月十日英国人士族チャールズ・ブシ・ヘルン長男入籍ス、同二十九年二月十二日相続。

(15)『ラフカディオ・ハーン著作集』第15巻『書簡Ⅱ・Ⅲ　拾遺　年譜』(1988年、恒文社)。

(16)稿本『教育家の生涯(西田千太郎日記を辿る)』下巻(上・中・下巻のうち)＝『松江中学教諭時代(其二)』(島根県立図書館所蔵)。

(17)(31)(37)池田前掲『西田千太郎日記』。

(21)(22)(23)関田かおる『小泉八雲と早稲田大学』(1999年、恒文社)。

(24)富山大学附属図書館「ヘルン文庫」は同大学人文学部・理学部の前身である旧制富山高等学校の初代校長がハーンの中学・帝大における教え子田部隆次の兄であった縁で、1篤志家の寄付で創立した同高校の開校直後の1924年6月、八雲の遺族から全所蔵図書・資料を同一人の寄付金で譲り受けて設けられた書庫である。文庫は、洋書が英語・仏語を主として2069冊、和漢書が怪談物を始めとする木版刷和本を大半とする364冊、『日本――解明の一試論』手書き原稿が1200枚の上・下2冊、合計2435冊。和本の大半はセツの蒐集と想われる。ハーンの蒐集の中には米国での貧困時代の書籍も少なくないようである。

(26)野口米次郎「ラフカディオ・ハーンに就て」(『趣味』1907年5月号)。

(27)B・H・チェンバレン「ラフカディオ・ハーン」(小花清泉訳。『へるん』第27号、1990年)新字体を訳者の原文通り、旧字体に直した。

(28)(29)(30)(33)平井呈一訳『日本瞥見記』(『知られざる日本の面影』の別訳名)上巻(『全訳　小泉八雲作品集』第5巻〈1964年、恒文社〉)。

(34)'A Living God'(「生きている神様」。"Gleanings in Buddha-Fields"〈『仏の畑の落ち穂』〉1897年、ホートン・ミフリン社)。

簡単な英文を、なぜ、ここだけ拙訳にしたのか。管見した英文学者や英語教員の翻訳の中によく理解出来ない文章が少なくないからである。

(35)詳細は別の拙稿「ラフカディオ・ハーンの作品に見る部落問題」(『部落問題研究』第225輯

〈2018年〉）を見られたし。

(36)(38) 平井呈一訳『日本瞥見記』）下巻〈『全訳　小泉八雲作品集』第6巻、1964年、恒文社〉）。

(39) 拙稿「島崎藤村『破戒』の分析と実証」（『民主文学』2018年1月号）。

(40) 丸山学『小泉八雲新考』（1996年、講談社学術文庫）。この文庫版は木下順二（1914〜2006）の監修になっており、「解説　小泉八雲と丸山学先生」は木下の執筆である。木下は旧制熊本中学校での丸山の教え子で、旧制五高生時代に丸山の八雲調査を手伝った。木下の作風には八雲との共通性がある。

(41) 柳宗悦「朝鮮を想ふ」（『朝鮮とその芸術』〈『柳宗悦選集』第4巻、1954年、日本民芸協会〉）。

(42) 拙稿「民芸運動とその旗手たち」（拙著『美術家の横顔』〈2011年、花伝社〉）。

(43) 拙稿「富本憲吉　陶芸における個人主義の確立」（前掲拙著『美術家の横顔』）、前掲拙稿「民芸運動とその旗手たち」。

(44) 拙稿「英国現代陶芸の先駆け　ルーシー・リー」（前掲拙著『美術家の横顔』）。

付記　ハーンに着手した当初、島根大学の松尾寿・竹永三男両氏（現名誉教授）に大変お世話になった。島根大学付属図書館・富山大学附属図書館・京都大学附属図書館・新宿区立新宿歴史博物館には資料の閲覧と提供で多大なご面倒をかけた。共に心から謝意を表する。また、池田由美子さんには手書きの拙稿の整理をお願いした。心から感謝する。

第二章

ラフカディオ・ハーンの作品に見る部落問題

――「島根通信」と「三つの俗謡」を主として――

はじめに

英国籍のラフカディオ・ハーン（Lafcadio Hearn 日本名・小泉八雲。一八五〇～一九〇四年）が米国で活動した後、来日したのは大日本帝国憲法が発布された翌年の一八九〇（明治二三）年のことであった。他界したのはそれから一四年後の日露戦争中である。

この報告（第五五回部落問題研究者全国集会 思想・文化分科会）は、報告者が続けてきたアジア太平洋戦争前のわが国におけるヒューマニズム、就中、部落問題関係の諸活動に関する研究の一環である。今まで取り上げてきた人物は、民権の哲学者中江兆民（一八四七～一九〇一年）を始めとして八人(1)。しかし、外国籍出身者はハーンだけである。

今回の報告は、明治中期にハーンが来日した直後に訪れた松江の「山の者」と呼ばれる賤民身分であった人々とその子孫に接し、大旨、偏見をもたずに「大黒舞」という日本の舞踊と歌謡への関心を高め、理解を深めた事実に着目して、彼の部落問題記述を分析・検討し、その解決に不可欠である人道主義的思想を瞥見することを主目的とする。

なお、この報告で主として取り上げる三作品のうち、「島根通信」（'Letter from Shimane'）と「三つの俗謡」（'Three Pouplar Ballads'）はハーンの来日初期のものである。報告者は二作品には、彼が在米時代に行なった民俗学的踏査の成果である『仏領西インド諸島の二年間』（"Two Years in the French West Indies"）二巻

（一八九〇年）の対象と向き合う姿勢と手法が継承されていると理解している。

また、徹底したHeanianとして知られるジョセフ・ド・スメ（Joseph de Smet）は、来日したハーンの最初の作品集『知られざる日本の面影』（"Glimpses of Unfamiliar Japan"）二巻（一八九四年）をハーンと日本の「蜜月の日記」と捉えて「醒めた慎重な態度」で叙述された後の著作と質を異にしていると認め、同著の価値を高く評価している(2)。この著作も対象との向き合い方が『仏領西インド諸島の二年間』を継承している。スメは同じく単なる印象記ではない「島根通信」を見る機会がなかったが、報告者は、もし、スメがこれを読んでいたならば、「三つの俗謡」もそうだが、『知られざる日本の面影』と同種の作品として捉えたに違いないと思考する。

従って、報告者はハーンの名著と言われるこの両作品にも言及して、彼の部落問題記述をそれらと関連付けて論じたいのであるが、紙幅の都合で割愛せざるを得ない。

「島根通信」の執筆日は一八九一年五月二九日である。ハーンは前年四月に来日し、同年八月三〇日から翌年一一月一五日までの一年余の短期間、松江で生活した。彼は来日後のきわめて早く、且つ短い時期に部落問題に関する執筆をしていたことになる。来日前の彼は事件記者であったし、ジャーナリスティックなルポルタージュ作家、更に紀行文作家として既にある程度名をなしていたが、それにしても鋭敏な問題意識には驚嘆させられる。

在米中からハーンは、明治維新期に英国在日公使館書記官だったA・B・ミットフォード（Mitford 一八三九～一九一六年）や帝国大学教授の言語学者B・H・チェンバレン（Chamberlain　一八五〇～一九三五年）の著作を通じて日本について研究し、部落問題についても多少の予備知識を得た上で来日し、無二の友となった赴任先の松江尋常中学校の上席教諭西田千太郎（一八六二～九七年）の、紙幅の都合で具体的な記述を省くが、無私とも言える協力を得て、部落問題と不可分な大黒舞を追究した(3)。

ハーンは、当時は英国であったアイルランド出身で英国陸軍軍医の父が、同国保護下のギリシャの娘と結婚して誕生した混血児である。彼が四歳の時、父が母と一方的に離婚した。これがハーンの幼・少年時代における不幸の契機となった。彼はまた、母に強い同情をもち、彼女を心の中で大切に温め続けた。そのことが彼の人一倍異性に憧憬が強く、俗に言う女性に惚れっぽい人格の形成を助長したと推測される。

こうした生い立ちや体験、加えて少年時代に怪我を負って片眼の視力を失ったことが、ハーンの「島根通信」「三つの俗謡」に描出された「山の者」に対する人を人として見る意識と態度と深く関係していると想われる。

ハーンは、一八九一（明治三四）年一一月、第五高等中学校に着任するために、家族らと共に、熊本へ移住した。熊本における彼は『知られざる日本の面影』（別名『日本瞥見記』）をまとめる作業に取りかかると同時に、『心—日本人の内面生活の暗示と影響』（"KKORO : Hints and Echos of Japanese Inner Life" 一八九六年）に後に附録として収録される。「三つの俗謡」の作品化にも苦労した。「妻」小泉セツも一緒に苦労した。

彼女は例えば、西田から送られてきた「八百屋お七」など、三編の英訳歌詞についての日本語による註釈を「夫」に解説した。ハーンはそれを聴きながら、英訳歌詞に手を加えたようである。大黒舞は、このような過程を経て、丹念に蒐集され、記録されたのである(4)。セツのハーンの著作に関する懇切な助力は彼が生涯を閉じるまで続けられた。

付記する。「島根通信」の翻訳に当たって使用した原文は横浜開港資料館所蔵の『ジャパン・ウィークリー・メイル』（"The Japan Weakly Mail"）紙（コピー）である。この報告で用いた「島根通信」訳文・訳語は全て拙訳である(5)。

1.「島根通信」に見るハーンの捉えた「山の者」の生活実態

「島根通信」は横浜で発行されていた有力な週刊英字新聞『ジャパン・ウィークリー・メイル』一八九一年六月一三日付に掲載されたレポートである。ハーンは同紙の通信員になっていた。「山の者」は彼らが前近代で如何なる出自の賤民で、どのような生活をしていたかは明らかではない。ある史誌書には「非人小屋に入りたるものにして、数代を経たるもなほ其の負債を償ふ能はざれば、ここに移せしものなりと云ふもその由来詳かならず」とある(6)。

「山の者」の呼称は松江郊外の丘陵内に居住したことに由来しよう。「山の者」は他にも存在したが、ここが、内務省社会局『全国部落所在地調』（一九二〇年）によれば、六六戸、三〇六人で圧倒的に大規模であった。そのため、「山の者」が他の通称になったのかも知れない。

ハーンが記しているのも唯、彼らが「封建時代」、「しばしば『侍』の屋敷の中庭にはいることを許され、あるいは招じ入れられて」「大黒舞」を「歌ったり踊ったりし」、「演技に対して気前よい喜捨を受けた」こと、その「上流の人びとをさえ、楽ませることが出来た歌や踊り」が

「他の人たちには知られていなかった」こと、「立派な芝居小屋にはいることを認められなかったので、『鉢屋』と同じように、自分たちの芝居小屋をもった」こと、そして「もっとも器量のよい娘たちがしばしば『女郎』になった」が、「地元は勿論、近隣の都市の『女郎屋』へもけっしてはいれ」ず、「遠隔地の遊郭へ売られた」ことだけである(7)。

ハーンは「今日」、即ち明治中期のこととして、「山の者」に対する差別の厳しさを強調し、彼らは「どんな仕事であっても、普通の労働者に雇ってもらい得」ず、人力車夫、即ち『俥屋』にもなることが出来ない」と書いている。「幾世紀にも及ぶ隔離と偏見が彼等の風習を、誰にもそうとわかるように、固定し、一定の形をつくってしま」い、「言葉でさえ、特殊な変わった方言になってしまった」とも認めている(8)。ハーンは「山の者」を他の日本人と人種・民族が違うとの誤った理解をしてはいなかったから、この認識は彼の日本以外での豊富な知識・見聞を基礎にした正鵠を得たものと言うことが出来る。

前出内務省調査によれば、松江市の二つある旧鉢屋系の部落の大きい方は戸数二三、人口七九で、仕事は竹細工・髢《かもじ》製造・行商・雑役となっている。ハーンは「現在、彼らは、籠・笊《ざる》など、竹細工をしている」と記している(9)。旧小屋非人系の部落は島根県内務部『社会改良の栞』所収の一九一七（大正六）年調査では、松江市に、一部落、二戸、四人とあるが(10)、三年後の前出内務省調査では一戸（人数不詳）となり、一九三一（昭和六）年調査（中央融和事業協会『全国部落調査』一九三六年集計）では旧鉢屋系、旧小屋非人系共々、解体・消滅したことになっている。

「山の者」はどうか。前出一九一七年調査では主業が古物商、副業が竹皮草履製造となっており、ハーンが訪れた頃の実態と、大旨、同じである。一九三一年調査では主業が商業で（副業記載なし）、生活程度は中程度と記されている。極貧ではないということであろう。戸数・人口は七一戸、三九二人で一〇年程での人口増は著しくはない。ハーンは「山の者」は「襤褸《ぼろ》・紙屑の回収の独占権を持って」おり、「あらゆる種類の廃物の仕入業者である」と認め、「社会から除け者にされている他の階層にくらべて、彼らは全体に暮し向きがよい」と言い、「富裕な者」の存在も見逃していない(11)。

その一人であろう、報告者には頭筋の者と推定されるが、ハーンは「親切そうな顔つき」をした中年の女性に招じ入れられ、彼女の家で歌川広重の浮世絵版画を買った。この「彩色版画」も勿論「古いもの」であると記している(12)。この部落には一九九〇年前後にも古物商の標札を掲げている家が何軒かあった。

図１．「部落」の神社（右手に保育園）（1998 年 8 月撮影。以下同じ）

図２.『部落」の保育園（前は「部落」唯一の広場）

図３．「部落」の内部１（向こうにかすかに宍道湖が見える）

図４．『部落」の内部２（向こうにかすかに市街地が見える）

図５．「部落」の墓地（神社の左手にある）

図６. 福祉センター（「災害危険区域指定」の看板がある）

ハーンは「山の者」の生活の様子を実に微細に入った観察をし、克明に活写している。まず、彼は「大きな共同風呂と共同の洗濯場の存在」を発見し、「平民」と同じように、彼らが「清潔な肌着を好んでいる」と理解する。そして「よく片付いた住宅」が多く、「多量の醜悪なものや不潔なものを見るに違いないと予期していた」のに、「それとは反対」で「少なからず驚かされた」と感想を述べている[13]。如実知見、偏見をもたない意識と態度である。同時に、「地面の凸凹」の激しさ、大きな「標高差」も見落さず、そのため、一方では樹木が「まるで絵のように美しかった」などと言いながら、地形の複雑さ、道路の狭さ、即ち居住地域環境の劣悪さを婉曲表現でにおわせてもいる[14]。流石である。この部落は一九九〇年前後には災害危険地域に指定されていた。現在もそうであろう。

彼の民俗学的追究はさらに続く。ハーンと西田が「山の者」の部落を訪れた際、「彼らにとって滅多にない出来事」なので、「二人の訪問者を見ようと、群衆が集まった」こと、『平民』に会ったときかわすような丁寧な挨拶のやりとりがなかった」こと、しかし「何人かの女性たちは、話しかけられると、ひじょうに慇懃なお辞儀をし」、「問いかけに、ただ〝ええ〟とか〝いいえ〟とか答えるだけで、私たちを胡散臭そうに見ているふうであった」ことなど、詳細に観察している[15]。松江の町の人びとと、周辺の地域社会の人々と、彼らが仕事を通しての偏頗な交際しかもたないことから生じた彼らの特徴ある態度を、ハーンは客観的に観察し、記録しているのである。

西田に注意を喚起されて、ハーンは「山の者」の女性達が「他の下層の日本女性たちとは異なった服装をしている事実」に注目した。そして「もっと貧困な『平民』の間でさえ、衣服について一般に容認された法則がある」のに、彼女達は「かなり年配の女性たちでさえ、真赤や斑になった色合いの『帯』、派手な色彩の『着物』を身につけている」ことを発見した。この「年配の女性たちはいつも独特な形をした大きな籠を持って町へはいっていく」が、「この事実から、彼女たちが『山の者』だとすぐにわかる」とも記している[16]。かつて一般に、貧困な人たち程、さまざまな衣類を手当たり次第に身に付ける傾向があった。このことは「山の者」の女性達にも該当しようが、彼女達の際立った服装上の特徴は、主として近世も早い時期からの社会的隔離によって生じたものと言えよう。

このように彼は、フォークロリスト的な調査と執筆の態度で、「山の者」の生活文化を精確に観察・描写し、明治中期の部落の生活状況を、日本人の学者や作家が気づかず、あるいは見過ごした点を豊富に取り上げつつ、私達に伝えてくれているのである。

続いてハーンは、自らの出自をそうだと決め付けているジプシー、そしてユダヤ人など、「迫害を受け、抑圧されてきた人種（race）の女性たちの美しさ」を例示しつつ、日本においても、「社会から除け者にされてきた諸階層にも当てはまると言われる」という彼独特の美人論を展開している(17)。彼は「三つの俗謡」の序説的部分ではこれを慎重を期して削除したが、この美人論は、「山の者」を他の日本人と人種・民族を異にするという当時まだかなり普遍性をもって信じられていた世間の誤りから自由であったハーンのこのレポートの所説と矛盾している。

この項の終わりに一つだけ用語と差別表現の問題について付記する。「ジプシー」のことである。

ハーンは、独特の美人論の個所の他に、そう感じたからであろう、「山の者」の中に「意地悪そうな顔が一つか二つあって、以前に私が見たジプシーの顔を思い起こさせた」と書いている。今日、ジプシーは自らを人間を意味する「ロマ」、「ロム」などと呼称しており、私達も当事者達の意志を尊重すべきであると思考するが、ハーンがこの差別された人達を例示したことをもって差別的記述と見るのは当たらない。それは例えば、『気まぐれ』所収の「ジプシーのはなし」に目を通せば明らかなことである(18)。

2. 部落問題に対するハーンの問題意識
―特に「山の者」の教育問題について―

ハーンの「山の者」の部落についてのルポルタージュは、「島根通信」の他に「三つの俗謡」の序説的部分がある。序説的部分は蒐集され、翻訳された三俗謡の前に付けられた導入的な解説の叙述で、「島根通信」を原拠としている。双方共、まとまった部落問題記述の最も早い時期の作品だと評価することが出来る。しかし、それを証明するには、一八九一年の三ヶ月間の物語である島崎藤村『破戒』を含め、当時のすぐれた部落問題記述が生み出される社会的背景を明らかにする必要があろう。要点だけを述べる。

明治維新の改革、就中、封建的身分制廃止の一環として、一八七一（明治四）年八月、賤民解放令が布告され、従来の賤民身分の人達は平民となった。折から自由民権運動が発展し、旧賤民身分、殊に旧穢多身分と係わる人達の中から解放令を根拠に平等を要求する動きが顕われ、祭礼参加などを要求する運動は裁判闘争にまで発展した場合が少なからずあり、大審院判決も、大略、原告を支持して旧慣打破を命じた[19]。

しかし、明治専制政府は民権運動を弾圧し、一八九〇(明治二三)年前後、大日本帝国憲法の制定を中心に絶対主義的天皇制を確立した。その過程で専制政府は、民権運動指導者を含む豪農・名望家層との妥協を図り、彼らの地域支配を認め、大地主を頂点とする半封建的な農村構造を温存した。また、家父長的「家」制度も確立され、女性差別が法的に存続された。これらが絶対主義的天皇制を維持する最も有力な基盤となり、このような反動化は封建的身分に起因する部落差別の撤廃をすこぶる困難にした。農村で小作人が一人前の人間として認められない社会で、賤民身分と直接係わる人達の平等を実現させることはきわめて困難であった。大審院判決も旧慣温存に変わり、日本近現代の社会問題としての部落問題が、明治中期、明治憲法体制の確立期に成立したのである[20]。

一八九〇年前後に、「自由獲得の努力」(日本国憲法第九七条)なしには旧身分に基づく差別が解消出来ないことが明白となった。まだ部落問題という言葉が生まれる以前の一八八八(明治二一)年、中江兆民が本格的な部落問題解決論「新民世界」を発表し、部落住民と部落外の人々が連帯して「頑冥なる習慣」「封建世代の残夢」を一掃しようと呼びかけ、折から勃興し始めた自主的な部落改善運動に協力したのは、そのためである。兆民に限らず、人道主義的・社会主義的立場の少なからざる各地の知識人やジャーナリストが改善運動に協力した[21]。

以上から明らかなように、「島根通信」「三つの俗謡」の部落問題記述は、部落問題が社会問題となった時期に登場しているのである。

先にハーンの問題意識を鋭敏だと述べた。しかし、報告者はそれを「山の者」の部落へ彼を案内した「裏方」の西田の意識が反映してのことであると認識している。西田は足軽家の出身である。明治維新の改革の一つ、一八六九(明治二)年に成立した新身分の華族・士族・卒・平民制が七二年に改変され、卒身分の廃止により、累代の足軽が士族に、一代限りの足軽が平民に編入された。その際に西田家は士族となったが、西田は旧下士以上とその子弟から「新士族」と蔑まれ、「予等亦大ニ彼等ノ跋扈ニ苦メラレタルコト多シ」と認めている[22]。それ故に、彼が「新平民」の境遇に思いを致したことは充分に察せられる。

しかし、本人の意識の如何によっては、西田の影響を強く受けることはない。ハーンにも確たる主体性があったとは言える。

彼自身、「三つの俗謡」の序説的記述の冒頭に、「山の者」の部落を訪ねてメール社に書き送り、それが紙上に掲載されたと記した後、これを取り上げる意義を次のように述べている(23)。管見では、適切な訳文がないので、英文で掲げる。

Some extracts from that letter I think it may be whrth while to cite here, by way of introduction to the subject of the present paper.

ハーンは、部落問題への関心が高まりつつあった時期に、新聞で話題になっていたこの社会問題を、三年前の「山の者」の生活についての観察・調査をもとに、在日欧米人に問題提起したことを明言しているのである。

こうしたハーンの丹念な態度は「島根通信」の改筆部分を含む、「三つの俗謡」の執筆の際にも発揮されている。即ち、「島根通信」で「山の者」の子女の教育について、「今なお、偏見があまりにも激しいため、彼らの子どもたちが幸福に公共の学校に通学することが不可能にされている。小さな特別な学校を設けることは可能だと思われるが、自ら教育にあたろうとする教員を得ることは大変困難だ」と記述したことについて(24)、「三つの俗謡」では新たな情報に基づき、次のような変化を加筆しているのである(25)。

Since the time this letter to the Mail（イタリック体）was written, a primary school has been established for the yama-no-mono（イタリック体）, through the benevolence of Matsue citizens superior to prejudice.

『メイル』紙に宛てたこの手紙を書いた後で、偏見に負けない松江市民達の慈善的な行動を通じて、「山の者」のための小学校が設立された。（拙訳）

ハーンがここで取り上げている「山の者」の子女の教育問題は、旧賤民身分と係わる部落住民に広く見られる問題であった。賤民解放令布告後、部落住民は各地で子女を公教育に就学させようと要求運動をおこした。しかし、管見では祭礼参加などの場合のように訴訟に踏み切った例はない。万一、敗訴した場合、子女の公教育就学の道が閉ざされかねないからであろう。彼らは、多くの場合、行政当局の仲介・斡旋もあって、部落外の地域住民と妥協した上で、部落の子女だけの分教場、即ち別学で公教育を受ける道を選択した(26)。条件闘争をした訳である。ハーンが言及しているのは、この問題である。

部落の子女だけの学校、即ち「部落学校」は確かに差別された学校に違いないが、強い要求があって始めて実現したのであり、要求のない、あるいは要求の弱い地域では、多くの場合、部落の子女は公教育に就学することなしに一八九〇年代後半（明治三〇年前後）まで放置されていたから、部落学校の出現は、一面では、部落住民の要求運動の成果だったのである[27]。「山の者」の部落の部落学校は松江市民の有志が設立を支援したのであるから、他の例に照らせば、キリスト者が設立または設立支援を行なった場合とほぼ同類で、全国でもきわめて少数の事例である。ハーンはこの教育上の前進に着目したのであった。

部落学校の多くは、大略一八九〇年代後半から一九〇〇年代初めにかけて普通学校に統合された。同時に公教育から排除されていた部落の子どもたちも原則的には就学することになった。これは、日清戦争後の軍備拡張が、国民の税負担を大幅に増大させると共に、地方財政を圧迫し、しかも天皇制軍国主義の忠勇なる兵士と日本資本主義の良質な労働者を育成しようとする国家の教育政策の「付け」を市町村に転嫁したためである。多くの市町村では、財政負担を軽減させるため、近隣町村との合併を余儀なくされると共に、学校統合が推進された。部落学校はその一環として廃止されたのである。財政支出を削減するためには部落の子女を忌避出来なくなったのである。しかし、多くの場合、統合後、部落の児童たちは、学校や通学途中で、部落外の児童や親たちから本格的な侮蔑と迫害を受けることが多くなった。場合によっては教職員からも[28]。そのため、中途退学が多く、同時に極貧による不就学もきわめて多かった。

ハーンはこのような部落の教育問題を欠落させずにきちんと言及しているのである。

「英語教師の日記から」や「さようなら」で明らかなように[29]、彼は、力量があると同時に、熱誠あふれる教育者であり、粗食で頭脳を酷使する若者たちの健康を気遣い、死去する生徒に同情し追悼する条は、読者をして感動させずにはおかない。ハーンの教育への熱意と関心は部落の子ども達にも同様に向けられ、その教育問題、部落学校についての記述を生み出したのである。しかも、後日の追跡を元に加筆しているのは、明治中期の部落問題記述中、例外的に行き届いていると言ってよい。

「三つの俗謡」のタイトルの脇に小字で一八九四年一〇月一七日に日本アジア協会で朗読された旨の付記がある。この朗読は「三つの俗謡」に収録されている俗謡が読まれたのではない。読まれたのは序説的部分である。鋭敏なジャーナリストでもあったハーンは、部落問題が解決すべき社会問題として認識され始めた時代状況を捉え、「島根通信」を元にした「三つの俗謡」の序説的部分を在日欧米人の親睦団体である日本アジア協会のパーティーで、遠方へ行けない本人に代って朗読してもらったのである。

在日欧米人に部落問題を理解してもらいたい。ハーンの問題意識と熱意を窺うことが出来る。先に英文で掲げた内容とも関連するが、『日本アジア協会紀要』（未見）にも代読内容が掲載されている由。

ハーンの問題意識でもう一つ指摘しておきたいことは、差別された「山の者」たちに対する本当の意味での同情の念を披瀝している点である。

「三つの俗謡」では、「島根通信」の末尾にある ‘pity-which is side to be akin to storonger and better feeling than mere compassion’ が削除されてしまって、深い同情の念がやや弱められている[30]。「島根通信」の末尾には、あまりにも古い故に、起源さえ判明していない偏見の犠牲である若い歌い手たちに対する強い同情を聴き手には、訳するのがむずかしいが、「異国からの(sympathy)の念がおこった。単なる憐憫(compassion)を超えた、もっと強く、もっと優れた共感に通ずると言われる同情（pisy）の念が生じたのである」と述べられているのである[31]。

本来は、日本語の同情は、字義通り、同じ心持ちになることである。一般に、単なる思いやりや憐みと理解されがちであるが、これは元々の意味ではない。報告者は憐みをさえ、一概に否定しない。それが真の同情への出発点になり得るからである。同時に字義通りの同情も手放しで首肯はしない。なぜなら、同情の主張が単なる憐憫と恩恵の「同情者」を生み出し、あるいはまた、これに利用されることがあるからである。しかし、ハーンの同情は、おそらくは彼自身の生い立ちや体験とも深く関係していようが、憐みをこえた本物のそれであり、そこに彼のヒューマニズムの精神の一端を窺うことが出来る。

この報告はハーンの部落問題記述についてまだ二、三点を指摘したに過ぎないが、「島根通信」及び「三つの俗謡」の序説的部分は、明治中期における部落問題記述の中で、きわめて水準の高いものである。ハーンのヒューマニスティックな言及は、中江兆民の「新民世界」を始めとするこの時期の幾人かのすぐれた部落問題記述の一つと見ることが出来るのではあるまいか。

3．ハーンの近世賤民記述と日本語訳の問題点

「島根通信」における「山の者」の記事は、島根県知事籠手田安定が新潟県知事として赴任する出発の短い記事に続いて登場する。「私は、最近、松江で、『山の者』として知られ、社会から除け者にされている階層（outcast class）の部落（settlement）を何度か訪れた」の叙述に始まる[32]。「何度か」と言うのは、西田の日記をもとにすると、二回と見て間違いない。大黒舞の見物、いや、見学は、西田宅でも一度してはいるが[33]。

ついで彼は「山の者」の部落の位置を簡単に示した上

で、『山の者』より上の普通の階層（better classes）」で「山の者」の部落を訪問した者は殆どいないと述べ、「中流や普通の階層の人たちの間では、カースト的偏見が、すべての国で常にそうであるように、上流社会の人びと（aristcracy）よりもはるかに強い」と指摘する(34)。この指摘は正しく、階層についての説明は、西田の助言を聴きながら、彼が該博な知識と見聞をもとに学問的にまとめたものである。

ここで、『心』に収録されている諸書の「三つの俗謡」の序説的部分についての翻訳について言及する。ハーン自身が序説的部分で下品な文言の翻訳を時には差し控えたと記している通り、配慮しているにもかかわらず、翻訳、特にアジア太平洋戦争前のそれは「山の者」を侮蔑的だと言える表現で呼称しているが、ここではその点には言及せず、管見の諸書に共通する日本語訳の問題点を取り上げる。

例えば、outcast class を「賤民階級」・「特殊階級」などと訳しているが、すこぶる妥当性を欠く。賤民は階級ではなく、身分の呼称である。従って、outcast class は賤民身分の者たちと訳したらよいだろう。また、近世賤民身分の者の中にも middl class が少しはおり、それ以上の生活をしていた者も稀には存在した。なお、近代社会である明治中期にハーンが用いている outcast class は社会的差別は受けてはいても、もはや賤民身分でもない。通常、middl class を「中流階級」と称するのとは異なり、outcast class を用いるには配慮が必要である。賤民身分の人々の存在様態からして「特殊階級」が意味をなさないことは言うまでもない。ハーンは社会的階級とかかわるこれらの用語をかなり厳密に使っている。一世紀以上前のことであり、感服を禁じ得ないが、翻訳によって学問的に意味をなさない水準に低下させられては、ハーンには気の毒であり、読者は迷惑である。

ハーンはいきなり「山の者」を詳説せず、「松江の町と郊外には社会から除け者にされている四種の階層が存在している」として、他の三つ、即ち「鉢屋」、「小屋の者」、「穢多」について簡単に叙述し(35)、「山の者」を旧賤民身分の者たちの中に位置づけて読者に理解させようとしている。

鉢屋は伯者・出雲・石見地方に存在した近世賤民身分で、警察・刑場関係の下役人足（長吏職）を夫役として課せられていた。加賀・能登・越中の藤内に相当し、多くの地方で穢多が担当した長吏職に携わり、この地方の中核的な賤民で、身分的には最上位であった(36)。したがって、ハーンが「死刑執行にたずさわり」「警察のもとで奉公した」と記しているのは正しく、「賤民中、最下層」としているのは誤りである。また、ハーンは鉢屋を「平将門（平氏の）一族とその従者たちの末裔だと言われる」と述べている(37)。それは最も一般的な伝承である。

鉢屋に関する史料に戦国期の尼子氏治下の蒲生家文書がある。即ち一五六三（永禄六）年に「八や左衛門」宛文書と「はち屋三良次郎」の「屋職」に触れた尼子義久花押文書とが最も早いものであり、翌々年には義久が合戦で鉄砲を使って軍功をあげた「はちや掃部」に「分国中」の「はちや親分」を「申付」けたと伝える義久花押文書などがある(38)。その後の鉢屋は、毛利氏を経て、一六〇〇（慶長五）年の堀尾吉晴の出雲入封後、検地帳から明らかなように、村役人・神主・寺院などと共に、屋敷地が免租の扱いを受けることになる。これは夫役に対する代償の一つとしての役免扱いである。夫役は警察・刑場関係の下役人足であり、近世初期、彼らがこうした夫役に就いていたことは充分考えられる。鉢屋は下役人足夫役の代償として、屋敷地免租の他に、竹製品や履物の製造・販売が認められ、決められた旦那場の村々へ定期的に勧進をおこなうことも許された(39)。

「小屋の者」は近世の非人である。近世非人を中世以来の親代々の非人、犯罪で非人手下とされた者、農民・都市貧民からの没落民と、三者併立的に捉えるのは正しくはなく、その大多数は平人から没落して浮浪民（乞食）となった人々で(40)、彼らの大量の出現が全国的には穢多を中核とする近世賤民身分の制度的確立、賤民差別の強化の一大契機になったと考えられる。

松江の「小屋の者」に関しては『雲陽秘事記　付記松平不昧公』という古記録に、「新土手非人小屋の事」として、「綱近公思召にて天神橋下新土手に新たに小屋を作らしめ御国中の老て子なきもの幼少にて親に放れし杯せし便なき者を移し上より御扶持を被下ける是より此所を非人小屋といふ也」との記事がある(41)。松平綱近の治政は一七世紀末であり、上述の全国的状況と時期的に符号する。したがってハーンが「小屋の者」について、「もともと、浮浪民であった彼らはある有名な大名に掘割の土手に小さな家―『小屋』を建ててもらい、永住したのである」と認めたのは(42)、事実に即していると言ってよいだろう。

松江の穢多の部落をハーンは「主要な部落」としている。これは彼がミットフォードやチェンバレンから学んだ全国に一般的な状況に基づいたものと考えられる。そして「本来の『穢多』の「境遇や職業があまりにもよく知られている」として(43)、説明を省いている。しかし、これは一種の「逃げ」であろう。松江を含めた出雲地方、ひろく伯耆・石見地方では、前述の通り、中核的な近世賤民身分は鉢屋であった。この地方の穢多は近世初期から皮太と呼ばれ、加賀・能登・越中の皮多と同様、主として斃牛馬処理と製革に従事し、警察・刑場関係の下役人足は勤めなかった(44)。こうした特徴的な山陰地方の穢多について、ハーンは殆ど何も知らなかったのではあるまいか。

以上、ハーンの松江を主とした近世賤民に関する記述を見てきた。彼は鉢屋・穢多・「小屋の者」と、近世賤民に対する呼称、即ち歴史用語を明治中期において現代語として用いた。彼の滞在当時、松江ではそれらの呼称が現代語として一般的に使用されていたのであろう。

4. ハーンの大黒舞叙述とその意義

「島根通信」では後ろの四分の一程、「三つの俗謡」の序説的部分の方では半分近くが、ハーンが「山の者」の部落で見学した歌舞、即ち大黒舞に関する叙述である。後者の方が長くなっているのは、西田の協力で三つの俗謡、即ち「俊徳丸」「小栗判官」及び極端に短い「八百屋お七」を蒐集・記録した後の叙述だからである。

前述の通り、ハーンは西田宅でも大黒舞を見学しているが、「島根通信」ではそれは省かれ、「山の者」の部落でだけで鑑賞したことになっている。三つのうち、演し物もこの時点では「八百屋お七」を見ただけである。

本来、「八百屋お七」は、一六八二（天和二年）、江戸は本郷追分の八百屋の娘お七が大火の際に同地の寺へ避難し、寺小姓と恋仲となり、翌年、火事になれば彼に会えると思い込んで放火して逮捕され、火焙りの刑に処せられた悲恋の巷話である。四年後の一六八六（貞享三）年、井原西鶴が『好色五人女』で取り上げたのを皮切りに、浄瑠璃、歌舞伎で大流行の演目となった(45)。「八百屋お七」は江戸の巷話を元にした創作だが、「山の者」の大黒舞では京都の物語になっている。

大黒舞は、中世後期（室町中期）から明治期まで全国で流行し、殊に杵築大社、後の出雲大社の主神大国主命、即ち大黒様の地元である関係から山陰地方で盛んであった。

因幡地方では、明治期、正月になると、大黒舞の集団が数人で門付けをする光景が見られたと言われる(46)。出雲地方でもそうであったと想われるが、松江では、ハーンが二つの文章で温かい心をもって紹介しているように、「山の者」の女性達が一座をつくって演じた。

ハーンが見物したのは座長とおぼしき「一人の老女」と「整った顔立ちをした若い娘たち」六人の計七人からなる「小さな歌舞団」であった(47)。ハーンが大黒舞について描写しているのは、主として娘達の歌と踊りである。彼は「右側の三人の娘の喉から今まで私が日本で聴いたことのあるどれとも異なった澄んだ美しいソプラノの歌が、突然、響き渡った」とか、「三人がそれぞれ独唱していた時、他の三人の女性の声が低く、しかし、同じように美しく、突然、加わって、優美なハーモニーをつくり出した」とか、「歌は一時間以上も続いた。その間、彼女たちの美しく生気のある歌声の特質はいささかも弱らなかった」とか、特に歌謡については微細にわたって丁寧に書いている(48)。

ハーンは三人の娘が鳴らす「一種のカスタネット」、即ち「紐で結ばれ」た「平らな二枚の堅い黒い木片」を「指ではやく」叩く音、そして「老女」が「二本の小さな棒」、即ち簓《ささら》を擦り合わせて出す「変わった音」、更に「老女が幻想的に舞を踊」り、「滑稽な一句を歌った」ことには触れているが、ハーン自身が「歌われている言葉がまったくわからなかった」と認めている通り、歌詞は全く叙述していない(49)。「八百屋お七」についても、「非常に悲哀に満ちた俗謡だった」と「島根通信」に書いているが、この時点では(50)、彼が理解していたのは、西田から聴いたその概要だけであったろう。ハーンは大黒舞の歌謡、歌詞に部分的に僅かにある低俗な内容、卑猥な部分を歌う声までも純粋に音楽として聴いたのである。

ハーンは「彼らの歌は、自分たちの特殊な方言で歌われているのではなく、古風で趣のある美しい日本語で歌われている」と(51)、西田の教唆を得て記述しているが、実は歌詞を全く理解していなかったのである。

しかし、そうした弱点があるにせよ、この叙述は、ハーンが蔑視・差別されている「山の者」の演奏する大黒舞が特殊な芸能ではなく、普遍性のある日本民族の芸能であると認識していることは、部落問題をも人種・民族問題として誤解していなかったことを示すものとして、きわめて重要である。

ハーンの大黒舞への関心は、「山の者」が演ずる日本民族の歌舞に対するそれである。だからこそ、部落問題理解も誤らなかったのであり、それ故に学校教育の機会の剥奪にも不当だと強く意識したのだと想われる。

ところで、「三つの俗謡」の序説的部分には「島根通信」の大黒舞記述の足らざる個所を修正・補筆している場合がある。その最たる個所を取り上げる。

歌舞の演技が終わった時であろう、「島根通信」が曖昧に「一人か二人が紙と竹で出来ている小槌のような道具を持ったが、それは『大黒』の小槌を表現する心算かも知れない」と記している個所を(52)、「大黒は俗受けする福の神、恵比須は労働の守護神である。このような神々の来歴については『アジア協会紀要』第3巻所収のカルロ・プイーニ筆『七福神』の英訳文を見られたし。同時に『神道』崇拝におけるそれらの神々の地位に関す

る記事は『知られざる日本の面影』をご覧あれ」と前置きした上で、

My friend pointed out to me that the singers formed two distinct parties, of three each. Those bearing the hammer and fan were the Daikoku band : they were to sing the ballads. Those with the castanets were the Ebisu party, and formed the chorus.

私の友人は、唄い手が三人ずつ別々の組をつくっていると、私に注意を促した。小槌と扇を持っているのが大黒組で、彼女達は俗謡を歌った。カスタネットを持っている方が恵比須組で、合唱を受け持った。（拙訳）

と、西田の説明を聴いて正確に叙述しているのが、それである[53]。

ハーンの日本の歌舞への関心は、早くも東京から松江へ向かう途中、伯耆の上市場で旧暦の盆踊りを見物した際に既に示されていた。彼はその見聞から、「西洋のメロディーのなかにあるどんなものにもぜんぜん似ていない、原始的な歌によって呼びさまされた情緒を、いったいどういってみたら説明がつくだろう？」、「情緒とはいったい何であろう？」、「無限に古いものだということはわかる」、「この宇宙の日の下にある、生きとし生けるものに共通した、喜怒哀楽の情にふれるものだろう」と感じ取った[54]。注目すべきは、ハーンが「原始的な歌」も「古いもの」も、「古臭い」と否定的に捉えていないことである。

また、松江へ到着して間もない頃、出雲大社に訪ね、「最初の外国人」として神殿に昇った後、「怪しい笛のすすり泣き、かきくどき、太鼓が呪文のような低いつぶやきを唱える」中で、「生きている彫刻のように見える」巫女の神楽舞を見、痛く心を打たれたのであった[55]。

このようにして始まったハーンの日本民族の歌舞に対する関心のうち、歌謡への民俗学的並びに文学的な関心は、主としてセツに助けられつつ、やがて彼の主要部分を占めるに至る伝承再話文学へと発展していった。同時にそれと関連して、一方で彼は謡曲に対する関心を強めつつ、俗謡（ballads　民謡）の蒐集・翻訳も推進した。そのうち、部落問題記述という点で重要な意義をもつ「三つの俗謡」を記録する作業は、初期の仕事故に、進行上の少なからざる困難を伴った中の一つであった。

ハーン、一八九六（明治二九）年二月、帰化して改め小泉八雲となった。彼が帝国大学文科大学で英文学講師として講義を開始したのは同年のことである。学長外山正一に提出したハーンの教授案によると、三年生には“English Ballads”（講義）を予定していた。講義の題は“English Ballads”と“The Best English Ballads”とであった。

ハーンは近代英語の源流としての Ballads を Universal Literature、具体的には独・仏と日本の Ballads との関係で講じようとしたようである(56)。

このような知見を得ると、部落問題が係わる「島根通信」と「三つの俗謡」の序説的部分、並びに蒐集・記録された大黒舞は八雲が学問的に追究を目ざした重要な分野の一端であったことになる。

八雲は、一九〇〇（明治三三）年に出版した『日本雑記』所収の「日本わらべ歌」の冒頭で、「全国二万七千の小学校の影響で、日本の古い郷土文学、文字に書かれない民謡と伝承文学は、ここのところ急速に人々の記憶から消えさりつつある」と述べてこれを憂い、日本の子ども達は、「町なかや寺の境内で遊んでいるときに、学校の教室でおそわった新しい唱歌を―西洋の音階に準拠して書かれた楽譜にあわせた唱歌をうたっており、それよりはるかにおもしろい明治以前の歌は、いまではもうほとんどめったに聞かれないありさまである」と嘆いている(57)。

これは、言うまでもなく、文部省編『小学唱歌集』（一八八九年刊。初版は一八八一年）に基づく小学校の音楽（唱歌）教育に対する厳しい批判である。ハーンのこの日本童謡論の基礎には、不当にも学校教育から排除されているにもかかわらず、あの難解な先祖伝来の大黒舞の歌謡を継承して唱う、知的能力を有する「山の者」の若い女性達の歌謡に対する彼の認識があるに違いない。彼は、日本近代の音楽（唱歌）教育の有り様を批判しつつ、前近代の日本のすぐれた Ballads の一部としての童謡を大切にしていきたかったのである。日本のすぐれた伝統文化を大切にする一環として。

小泉セツは夫八雲について、「凡て女とか子供とか云ふか弱い者に対してひどい事をする事を何よりも怒りました」と語っており(58)、「島根通信」と「三つの俗謡」の序説的部分の部落問題記述にも社会的弱者「山の者」、殊に女性達に対するやさしい心根が如実に示されている。古くからの童謡を大切にすべきだというハーンの見解は、この「弱者」に対する心やさしい精神と通底しているのである。

「三つの俗謡」を付した『心』は、一八九四（明治二七）年、五高を退職したハーンが、英字新聞記者に戻った神戸で一八九六年にまとめた作品集である。この著作はハーンが帰化して八雲になってから最初に出版した書籍でもある。

その『心』の中に、神戸での見聞をもとにした「門つけ」という小品がある。八雲は子連れの瞽女の芸のすばらしさを次のように叙述している(59)。

女の三味線の弾きぶり、これはまさに、どんな芸達者な芸者でも、あっといって驚いたに違いない。また、その声は―いままでどんな芸者ののどからも、これほどの声、これほどの歌は、まず聞かれたことがなかったろうというほどの声である。しかも女は、それこそただの百姓でも歌えるような調子でうたっているのである。おそらく、その声の調子は、野山にすむ蝉か、藪うぐいすからでも習いおぼえたものであろう。

「島根通信」で、「私は、今までに『芸者』から聴いた歌と、蔑まれ、社会から除け者にされている階層の人びとの単純な物語詩的な歌謡との、魅力を比較し得ない」と記し(60)、「三つの俗謡」の序説的部分でも、少し弱いが、同趣旨のことを叙述したハーンは、次第に芸者と言うより、芸者遊びへの嫌悪感を強めていき、芸者と瞽女の芸とを比較して如上のように表現をした。八雲は、明治期の在日欧米知識人の多くと異なり、日本の古典音楽と庶民音楽の双方に好意的とも言うべき理解を示していた。日本の音楽を異文化として素直に認めていたのである。

先に触れたように、来日して松江へ赴く途中、西伯耆の上市場で盆踊りを見物してハーンはその歌に「原始」を感じた。それ以来、彼は常に庶民音楽の素朴な「自然」の芸に共感してきた。瞽女の三味線語りの芸にも「山の

者」の大黒舞の Ballads と同質のよさを発見したのである。

「ふた目と見られぬ顔」の瞽女に、「わたくしの家の前庭にあつまっ」た「近所の人たち」の一人が侮蔑的な言を吐いたが、やがて「聴いているものは、みな物も言わずに、涙をすすりはじめた」と、「門つけ」で描写する八雲は聴衆の変化を見逃してはいない。そして自らも「女の声につれて、日本の生活のうら悲しさ、うっとりするような甘さ、抑えに抑えられた苦しさが、惻々として」「心にかよってくるような気がした」のである(61)。

歌が終って、八雲は瞽女を家へ招じ、身の上話を聴いた。実はチェンバレン宛の手紙に記されている通り、門付けの瞽女は二人連れであった(62)。しかし、作品では例によって子連れの瞽女に変えた。そして八雲は言う(63)。

庶民階級の一盲女がうたったこのありふれた俗謡が、もともと異邦人であるこのわたくしの胸に、これほどの深い感情を呼びおこしたというのは、これはいったいどういうわけなのか？　きっとこれは、あの歌いての声のなかに、一民族の経験の総量よりもさらにもっと何か大きなもの―たとえば、人間生活のごとく広大な、善悪の知覚のように千古不易な何物かに訴える力があったからなのだと、わたくし

は確信する。

これと関連して、ハーンは「三つの俗謡」の序説的部分で注目すべき次のような文言を述べていた(64)。

They represent also something essentially characteristic of the race ; and there is surely much to be learned in regard to race-emotion from the comparative study of folk-music.

八雲は「山の者」を別の人種・民族とは理解していないから、the race は日本民族を指し、race-emotion は日本人の民族的感性を言う。この race は、「門つけ」で瞽女が歌った俗謡に「一民族の経験の総量より」「大きいもの」を感じたと言う、その民族と同じである。ここに八雲の「山の者」に対する単なる憐憫の気持ちからは生まれる筈のない思想を見ることが出来よう。

だからこそ、民芸運動を主唱した柳宗悦(一八八九～一九六一年)は、「三つの俗謡」にも見出し得る八雲の思想に感動し、朝鮮の三・一独立運動勃発後に、「恐らく今までハーンほど日本を内面から味はひ得た人はないであらう」、「朝鮮に住み朝鮮と語る人々の間にはまだハーンのやうな姿は一人もないのである」と書き(65)、朝鮮との係わりで八雲でありたいと願った。朝鮮民族美術館設立に際して、朝鮮人を差別扱いしつつ、同化政策を推進していた日本の朝鮮総督府から「民族」を削除するように圧力を加えられたのに対し、学問的良心に基づいてこれを拒否した。三・一独立運動に対する武力弾圧をほとんどの日本人は真相を知らされずにいたが、言論界では、管見によれば、石橋湛山、太田正雄(木下杢太郎)、吉野作造、柏木義円、宮崎滔天が弾圧批判を執筆した。柳もそのひとりであった(66)。

5.『日本─解明の一試論』に見る士、農・工・商、穢多・非人

小泉八雲は日露開戦年である没年にも、来日後一二冊のうち、一一冊目の著作である『日本─解明の一試論』(“Japan : An Attempt at Interpretation” 以下、『日本』と略称)を執筆し続け、校正を終えて間もなく他界した。八月一日にはまだ校正に忙しく、九月一日に最初の心臓発作が起こり、遺書を認め、二六日に再び発作を起こして絶命した(67)。セツは八雲が「この書物は私を殺します」と言っていたと述べており(68)、その通りになってしまった。彼女は『『こんなに早く(忙がしくの意─報告者)、こんな大きな書物を書くことは容易ではありません。手伝ふ人もなしに、これだけの事をするのは、自分ながら恐しい事です』などゝ申しました」とも認めている(69)。そうであったと想う。

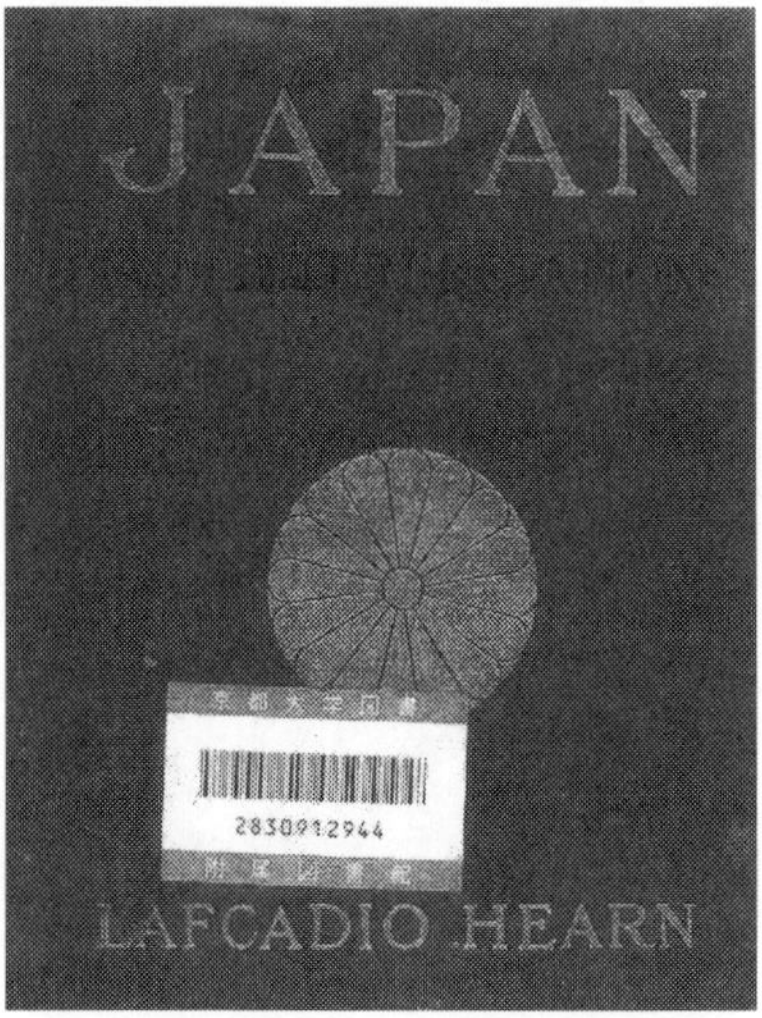

図7.『日本―解明の一試論』英文原典「表紙」
(副題なし。縮小40パーセント)
「菊花御紋章」(皇室紋章) 付き
(一六の重弁) (『広辞苑』)

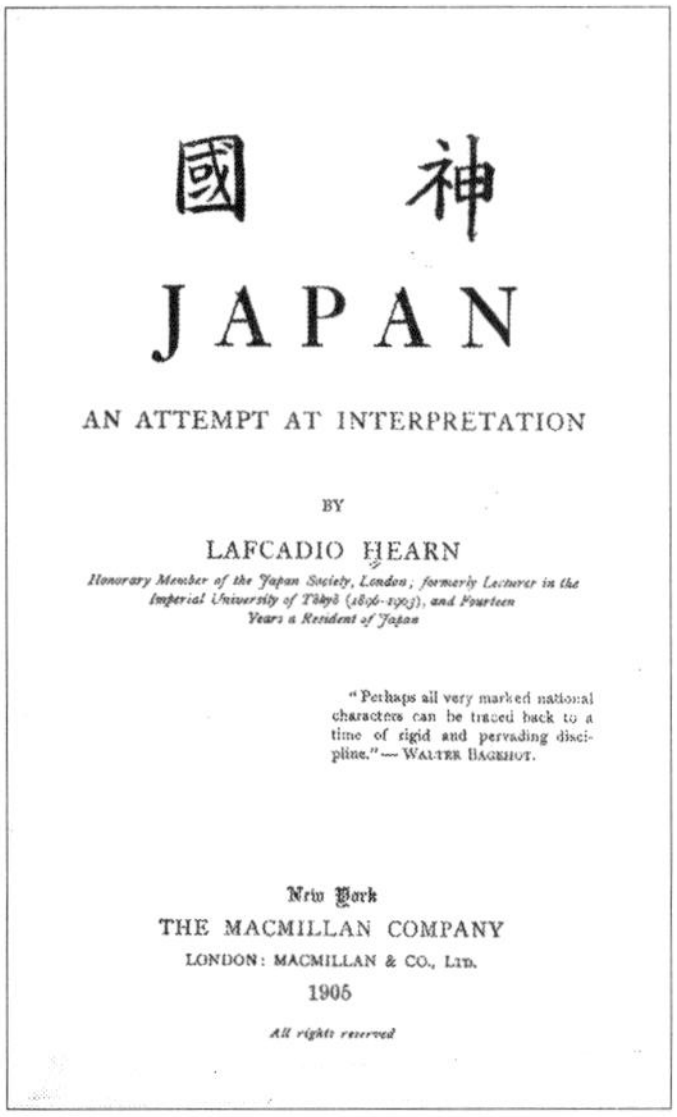
國神

JAPAN

AN ATTEMPT AT INTERPRETATION

BY

LAFCADIO HEARN

Honorary Member of the Japan Society, London; formerly Lecturer in the Imperial University of Tōkyō (1896-1903), and Fourteen Years a Resident of Japan

"Perhaps all very marked national characters can be traced back to a time of rigid and pervading discipline."—Walter Bagehot.

New York
THE MACMILLAN COMPANY
LONDON: MACMILLAN & CO., Ltd.
1905

All rights reserved

図8.『日本―解明の一試論』英文原典扉
(縮小50パーセント)
「神國」が冠せられている

『日本』の副題は原文を直訳すれば「解明への一つの試論」である。

平川呈一訳『全訳　小泉八雲作品集』(恒文社)で見ると、「全訳」とあるのに、『心』の「附録　三つの俗謡」(第七巻所収)の他にも、旧版には掲載されているが、出版社が新版では削除した作品が三点ある。『作品集』第五巻(一九六四年)所載の「心中」、同じく第一〇巻(同)所収の「キツネビ」と第一一巻＝『日本』(同)の第二二章「社会組織」である。

『日本』の原本"Japan"は章立てされているのに、恒文社の『作品集』は旧版にも章立てがない。章立てされていては不都合な新版に合わせるかのように。報告者は柏倉俊三訳註『日本―解明への一試論』(一九七六年、平凡社東洋文庫)に倣って章立てをした。

『日本』は八雲の日本に関する総括の書物である。文章は論理的な部分が多く、且つ難解な個所が少なくない。忌憚なく言えば、気負いの所為や来日時期が天皇制絶対主義の確立期だった関係からであろう、解釈に無理があり、一面的な表現、オーバーな表現や二律背反もある。憶測すれば、最終段階では、死期の近いことを自覚して、完成を急いだ様子が窺える。

『日本』の全体像については別の拙稿に多くを譲る(70)。

小稿では部落問題記述のある第二二章「社会組織」(

The Social Organization'）だけを取り上げる。他の二作品は紙幅の都合で割愛する。

なお、この第五節では、原文の他は、柏倉訳註前掲『神国日本』及び平井訳前掲『日本』を検討したい。前者を『日本』A、後者を『日本』Bと略称する。

第一二章の前々章「仏教の伝来」（'The Intoroduction of Buddhism'）と前章「大乗仏教」（'The Higherm Buddhism'）は、儒教の伝来にも触れつつ、仏教の神道併呑の傾向や在来神道との混融の動向を解説し、次章「武家の興隆」（'The Rise of the Military Power'）は、一九一九年、津田左右吉の『古事記及び日本書紀の新研究』によって否定された「神武天皇」の即位と東征の神話に始まり、ヨーロッパ史にも触れつつ、日本の政治史、殊に、「武力独裁」を略叙し、中でも徳川家康の力量を高く評価したが、「皇室の祭祀の支障ない継承だけ」（『日本』B）は欠落させてはいない。日本の宗教、就中、彼流の神道観で全編を貫いている『日本』だけのことはある。そして、「忠義の宗教」（'The Religion of Loyalty'）、その次の「キリシタンの災厄」（'The Jusuit Peril'）、「封建制の完成」（'Feudal Integration'）へと続く。

これら各章の中間にあって「社会組織」の章は、The-constitution of the old Japanese society（古い社会の構造）の考察に始まる。即ち、the ancient Japanese-society（古い日本社会）は gens or clan（氏族あるいは一族）という、the cult of the Ujigami（氏神の祭儀）で統合されている a common ancestor-worship（共通の先祖崇拝）を有する descent（血統）だと主張する body（集団）であったと言う。そして、大和政権が、社会的秩序の維持を図るべく、大化前代に土地と人民を支配する豪族を氏とし、これに称号姓を与えた氏姓制度、更に天武天皇が六八〇年に制定したという八色《やくさ》の姓《かばね》に及んでいる。『日本』は姓を castes（カースト＝インドの身分階層制）に擬して理解し、'There was a division also into castes —Kaban'e（イタリック体）or sei（イタリック体）'、などと記している（there は the plebs（イタリック体）一般民衆を指す）。

古代の社会制度で特に詳細に記述されているのは plebs の下位の、広範に存在する slave（奴隷）である。註を幾つも設けてさまざまな場合を説明している。例えば、『日本書紀』巻第二から孝徳天皇の六四五年発布の勅令を引用して、'if a free man takes to wife a slave-woman, her children shall being to the mother'「若し良男、婢を娶りて生めらむ子は其の母に配《つ》けよ」（『日本』B）とある。

八雲の社会組織論の歴史論的特徴は、「最も古い時代の日本社会は、私達が、普通、その言葉にありと認めている意味での封建制度でさえなかった」（拙訳）と言っていることである。ヨーロッパでは古代に封建制度が成立したとの理解に基づいている。そして、national cult（民族の祭儀）が制定された時期を'We may call（中略）the First Period of Japanese Social Evolution'「日本の社会進歩の第1期（中略）と呼んでよいかも知れない」（拙訳）と論じ、そうした社会組織は徳川将軍達の時代まで及び、基礎的な構造の重大な変更なしにその組織を強化したと展開している。江戸時代の社会構造をヨーロッパの封建制度とは異なる社会組織であったとの見解を示しているのである。

しかし、その一方で、同時平行的に日本における社会進化の第二期が進行していったと論を展開している。第一期の末期から貴族とあらゆる身分の武士からなる支配階級とその他の生産者階級とに階級が分化し、武家勢力の台頭が第二期の最重大事であると言う。しかし、八雲はここでも、天皇の宗教上の権限には手を付けずに行政上の権限の一切を奪取したと、天皇の権威の根源に触れており、それが明治維新後における広範な大権を掌握する天皇を積極的に容認する『日本』の執筆当時の現代史的叙述に連動していくのである。

続いて「社会組織」の章は、税を免除され、両刀手挟む特権を有する samurai（侍の武士）の総数は凡そ二〇〇万と認めた後、

'The bulk of the common people were divided intothree classes (we might even say castes, but for Indian ideas long associated with the term) : Farmer, Artizans, and Merchants.' (71)

普通の人民の大多数は三つの身分にわかれていた（カーストの語を使ってもよかったが、インド的な概念を想起させる）。即ち農民、職人、商人とに。（拙訳）

と、平民三身分の人々を記し、それぞれの説明に入る。castes を用いてもよかったと言っているのは、classes では誤解を招く恐れがあるからである。現に管見では、『日本』A・Bを始め、翻訳はみな、士、農・工・商を身分または階層とはせず、八雲の念頭にはないのであろうところの階級と誤訳している（class を辞書で引けば、社会的にはまず階級が出てくるが）。賤民身分も賤民階級になっている。報告者は著者の意を汲み、あえて「身分」と訳す。

'of these three classes the farmeres (hyaksho イタリック体) were the highest'「この三身分のうち、農民（百姓）は最上位であった」（拙訳）。戦国末期～江戸初期の兵農分離まで多くの武士は百姓でもあったし、百姓の多くも戦場へ駆り出された。八雲は 'some farmers held a rank considerable above that of ordinary samurai'「百

姓の中には並の武士よりかなり格上の地位にある者もいた」（拙訳）とも記している。両者の間に一線を引くのは困難なのである。

次いで八雲は、'Below the peasantry ranked theartizan-class (Shokunin イタリック体)'(72)「小百姓の下に工匠身分（職人）が格付けされた」（拙訳）と認めている。その中の最高位は刀鍛冶で、大名と同じ称号「守」を与えられる者もあったとも言う。

更に八雲は、'The commercial class (Akindo イタリック体) including bankers, merchants, shopkeepers, and tradersof all kinds, was the lowest offically recognized'「銀行家、商人、小売店主と全ての取引業者を含む商人身分の人々は（商人《あきんど》）表向きには最も低い身分であった」（拙訳）と記し、'The business of money-making was held in contempt by the superior classes.'「金儲けの仕事は上等の身分の人々から侮蔑されたのである」（拙訳）と述べる。しかし、彼ら商人身分の人々は自力で事実上の地位向上を図ったと言う。

このように農・工・商身分を見てくると、八雲は三平民身分の間には上下関係がなく、実質的には横並びであったと理解していたことが窺える。

さて、賤民身分である。八雲はここでは穢多と非人に限定して取り上げている。全国的に見れば、穢多が近世賤民の中核的存在であり、非人は穢多と共に賤民中の主要部分を占めていたからであろう。

Outside of the three classes of commoners, and hopelessly below the lowest of them, large classes of persons existed who were not reckoned as Japanese, and scarcely accounted human beings.

三つの平民身分の枠外に、彼らの最下級のそのまた下に、一切の希望を失っている人間の大きな身分集団が存在し、彼らは日本人と見なされず、殆ど人間と思われていなかった。（拙訳）

'Officially they were mentioned generically as chori(イタリック体)'「公式には彼らは包括的に『長吏』と言われた」（拙訳）。'To English readers(chiefly through Mr.Mitford's yet unrivalled Talkes of Old Japan(イタリック体)) they are known as Eta(イタリック体);'(73)「英国の読者各位（主としてミットフォード氏の比類ない名作『古い日本の物語』の読者）は彼等を穢多であると知っている」（拙訳）。'but their appellations' varied according to their callings. They were pariah-people :'「しかし、彼等の呼称はその従事している職業によって異なっている。彼等はパリアである」（拙訳）。

ここで突如としてインドの不可触民＝パリアが出てき

た。インド的概念を想起させるとして castes を使わず、やむなく classes を用いてきた八雲であったが、遂にカースト制を持ち出した。パリアとはカースト（四姓＝バラモン、クシャトリア、ヴァイシャ、シュードラ）外にして下におかれ、非人間的な扱いをされた不可触民のこと。彼は穢多はパリアそのものと理解したのである。ハーンは穢多の仕事がパリアの仕事との共通性が多いと理解して、ずばり、穢多にパリアだと言ったのであろう。穢多の呼称が生業によって違っていたとは必ずしも言えないが。

ところで、'pariah-people'を『日本』Aは「宿なしの浮浪者」と、『日本』Bは「非人」と訳している。中世社会では穢多という呼称は既にあったが、斃牛馬処理・行刑・葬送・呪術を行なう雑芸能など、穢れると見なされていた生業に従事する散所・宿者・清目・声聞師などの呼び名の一つで、包括的には非人の範疇に属した。それでAもBも叙上のように表現したのかも知れない。しかし、それを近世の穢多身分の者たちの記述に用いたのでは論理は成り立たない。A・B共に前後の文脈が混乱していて、読者を戸惑わせることになる。

近世の穢多は、一般的には斃牛馬を処理して皮革の製造を主業とし、皮製品・履物製造の一半に従事して、有力業者も存在した。零細ながら、農耕に従事する者もあり、後期には地主化する穢多も出現した。穢多にも階級としては有産者がいたのである。幕藩権力からは皮革を上納させられる他、行刑の下役や牢番、汚物の清掃などに使役された。

ハーンは穢多は公的には包括的に長吏と呼ばれたと叙述しているが、誤りである。長吏は江戸を始めとする関東、信越など、一部地域での呼称で、穢多身分の人々が自らそう呼ぶ傾向もあったが、文書には「町離」が当てられている場合も少なくない。西日本では穢多の旧称とも言うべき皮多を自称する地域も存在した。

The Eta had their own laws, and their own chiefs, who exercised powers of life and death. They lived always in the suburbs or immediate neighbourhood of towns, but only in separate settlements of their own.

穢多身分の人達は彼等自身の掟と殺生与奪の権力を行使する頭を持った。彼等は通常、町の郊外か隣接地域の、彼等だけの離れた部落に住んでいた。(拙訳)

穢多身分が居住していたのは、大旨、記述されている通りであるが、穢多頭は、江戸は浅草新町に大邸宅を構え、関八州の殆どとその周辺の各地の穢多・非人・猿引を支配した弾左衛門を例外として、藩・天領単位に存在した。しかし、京・大坂のように穢多頭が存在しなかった地域もあった。

'They were pariah-people' の後に続けて、'Japanese writers have denied, upon apparently good grounds, that the chori(イタリック体) being to the Japanese race.'「日本の著者達は、外見上、明らかに確かな根拠を基に『長吏』が日本民族であることを否定している」(拙訳)との叙述がある。

第一節で、報告者は非人系の「山の者」について、ハーンが日本人と人種・民族が違うとの誤った理解に陥っていないと記述した。叙上の場合は、長吏、広く穢多についてだが、八雲の理解が人種・民族「起源」説に汚染され、大きく後退していることが読み取れる。八雲が生存していた当時はまだ、穢多の人種・民族「起源」説が巷間では流布されていたから、彼はそれら憶説の影響を受けたのであろう。

紙幅の都合から、異人種・異民族説や古代賤民「起源」説などの憶説とこれを克服する論策に言及するのは省略する(74)。

これらの憶説は、元禄・享保期以降、幕藩権力による穢多・非人等、近世賤民に対する忌避と侮蔑、差別が強化され、幾世代にも亘って他の民衆から半ば隔離された結果、習俗化し、異人種・異民族であるかのように見られるに至り、偏見が強まる中で、近世も後期になって出現し、幕末に近づくにつれて流布したのである。これら憶説の克服は、学問的には、戦前、部落問題の歴史的研究に最も本格的に取り組んだ歴史学者喜田貞吉(一八七一～一九三九年)が大正期に登場するまで待たなければならなかった。

Between the lowest of the commercial classes and the Eta, the barrier was impassable as any created by caste-tradition in Jndia; and never was Ghetto more separated from the rest of a European city by walls and gates, then an Eta settlement from the rest of a Japanese town of by social prejudice.

商人身分の人々の最下層と「穢多」との間には、インドのカーストの制度的な伝統のような障壁があって、行き来し難くなっていた。社会的偏見によって、「穢多」の部落が日本人の町の平常の外におかれているのは、ゲットー(ユダヤ人地区)がヨーロッパ人の都市から城壁や門で隔離されているのと同様である。(拙訳)

このように叙述した八雲は、松江居住時期の後も幾度か訪れた島根半島の最先端、美保神社のある古くからの港町、美保関《みほのせき》の様子を上記に続けて簡単に描出している。「三つの俗謡」の序説的部分の叙述と酷似しているよう

図 9. 美保関の「部落」（1992 年 8 月撮影　以下同じ）

図 10. 美保関漁港（美保神社のある美保の港は船の出入監視の海の関所（海関）が設けられていたので美保関と呼称された）（下関 = 赤間関《あかまがせき》と同じ）

で、温かみがあると報告者には読める。

美保関町の部落は前掲一九三一年調査（中央融和事業協会『全国部落調査』一九三六年集計）では三七戸、一八二人で、島根県下一四七部落中で八番目に大きかった。一九九〇年前後には凡そ四〇戸で、当時の職業の中心は漁業。土建・鳶請負業者などの大きな家もあった。小さい土産物店や食堂もあり、かつてのような閉鎖性はなくなっているように見受けられた。昔ながらの竹細工は一部の高齢者が細々と従事していた。

『日本』の「社会構造」の章は'Besides the Eta prorer, there were pariahs called hinin(イタリック体) —a namesignifying "not-human being"'「正真正銘の『穢多』の他に、『非人』（『人間ではない』を意味する名前の）と呼ばれたパリアが存在した」（拙訳）との書き出しで、非人を簡単に取り上げている。この非人にはいる者として、八雲は'professional mendicants, wandering minstrels,actors, certain classes of prostitutes, and persons outolaws by society.'「乞食の托鉢僧、門つけ、役者、ある種の売春婦及び社会から追放された者達」（拙訳）を挙げた。役者を非人に加えるのは、その形態からして極めて乱暴である。せめて売春婦の場合のように、わざとはっきり言わず、「ある種の」とすべきであろう。

売春婦の「ある種の」という曖昧な限定は夜鷹（辻君）を念頭においた表現だと想われる。売春婦は一般に落籍されるか、年期が開ければ平人だからである。

続けて八雲は'The hinin(イタリック体) had their own chiefs, and their own laws.'「『非人』の人々は彼等自身の頭を有し、掟もあった」（拙訳）と叙述している。穢多と同じである。この記述からすると、八雲の念頭にある非人とは江戸は浅草の車善七や品川の松右衛門を非人頭とする非人集団のようである。彼等非人頭の上には穢多頭弾左衛門が存在し、例外的に広範の支配をしたが、それ以外の地域、例えば京・大坂では穢多頭だけでなく、非人頭も置かれず、江戸とは全く異なった非人支配が行われていたし、東日本でも非人支配は、穢多と同様に、藩・天領単位であったから、この種の非人はごく少数で集団を形成しているとは言えない地域が多かったであろう。

更にこの記述には、第三節で報告者が取り上げた非人小屋に収容された「小屋の者」が欠落しており、小屋にも収容されずに存在する野非人も書かれていない。非人の叙述としては視野が極めて狭いと言わざるを得ない。

大いに感動した「島根通信」や「三つの俗謡」の序説的部分と異なり、『日本』の部落問題関連の記述には、残念ながら心温まるものがない。

『日本』の終わりの四章は八雲在世の現代を叙述し、

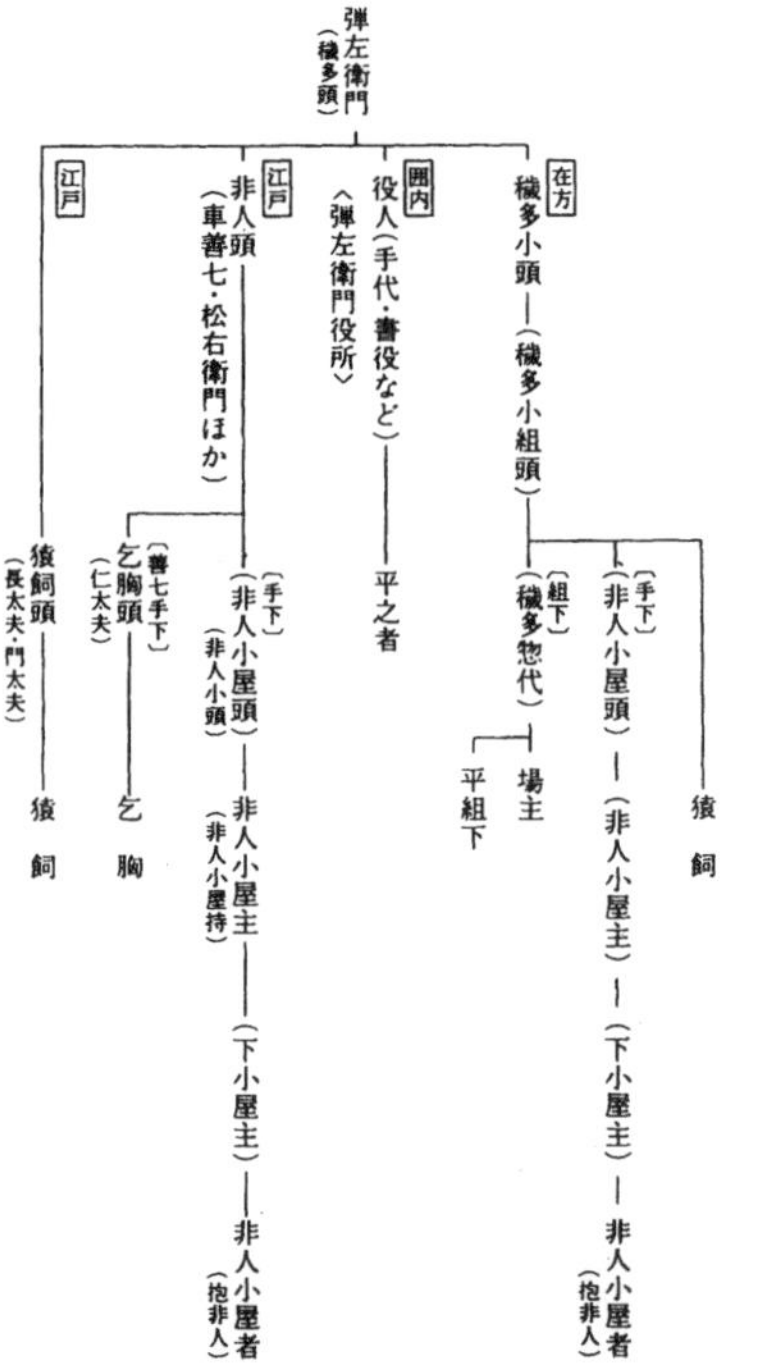

（註）
①穢多小組頭・穢多惣代・非人小屋頭・非人小屋主・下小屋主は存在しない場合が少なかったので、（ ）を付けた。
②穢多小頭直属の組はもとより、小頭支配下の組下や手下が少い場合にも小組頭や惣代がおかれないことは多かった。
③同様に、穢多小組頭の組下が少い場合など、惣代が存在しないことが多かった。
④穢多小頭または小組頭手下の非人が少い場合、非人小屋頭または小屋主が存在しないことが少なくなかった。もっとも、小屋主を小屋頭、小屋頭を非人頭と呼称している文書もある。
⑤江戸の有力な非人頭（車善七・松右衛門）には直属の大非人小屋集落があった。
⑥それぞれの職場においては、小屋頭以下の非人は穢多小頭または小組頭の手下であるとともに、彼らの組下の穢多にも支配された。
⑦車善七はそうではなかったが、品川の非人頭松右衛門は弾左衛門のほか、大井の穢多小頭の支配を受けた。
⑧上野佐野領では、穢多小頭および小組頭の手下として、非人小屋頭・火之番非人・下小屋主に上下関係がなく、並列的な存在であった。
⑨したがって、この表は弾左衛門の支配体系の概要を示しただけのものである。

成澤榮壽「弾左衛門」（脇田修 他編『部落史用語辞典』〈1985年、柏書房〉

弾左衛門の支配体系　荒井貢次郎・小丸俊雄・石井良助・塚田孝・峯岸賢太郎の各氏の研究を参考に，成澤栄寿が作表・註記した。

第二一章「産業の危機」と終章（第二二章）「反省」では、「皇運」の「扶翼」のために全ての徳目を収斂させている教育勅語の精神を賛美しており、厳しく批判をせざるを得ないが、その一方で、日本の民衆に対する八雲のヒューマニズムの精神も表出されている。しかし、第一二章は、穢多身分の者たちを詳述しているものの、説明をしているだけで、ヒューマニズム精神が欠落しており、感動がないのである。失望を禁じ得なかった。

『日本』の全体像については別の拙稿をご覧あれ(75)。

おわりに

最後まで書き上げずにきた問題がある。部落問題関連記述における「差別用語」「差別表現」を巡る問題である。第五節で『日本』Bの旧版には掲載されていた第一二章「社会組織」が新版では削除されていることを述べた。大著の中程の一章を無謀にも出版社が欠落させたのである。勿論、連繋は悪くなる。仄聞するところによると、一部部落解放運動の関係者からの「批判」を受けて行った処置であると言う。

削除について一言する。少なくとも「三つの俗謡」については批判ではなく、紛れもないイチャモン、不当な攻撃である。『日本』を加えた他の三点の場合も、その他の場合も、仮に厳しく批判されるべき個所や部分があるとしても、筆者なり、訳者なり、出版社なり、批判される側の言論・表現の自由が十分に保証されなければ、批判は批判として成立しない。一方的な圧力にしかならず、自由な論議による実りは生まれないからだ。

論議は学問・研究の自由、学習の自由、図書館の自由、広く言論・表現の自由を擁護する、共通の立場で行なうことが必要・不可欠である。「焚書坑儒」の延長線上とも言うべき時代遅れの圧力は不当以外の何物でもない。真っ平、御免である。拙編著『表現の自由と部落問題』(部落問題研究所、一九九三年)、殊に憲法学者奥平康弘「言論・表現の自由」をご覧いただきたい。

【註】

(1) ハーン以外を挙げる。「中江兆民の民権思想と部落解放論」(拙著『日本歴史と部落問題』部落問題研究所、一九八一年)、「加藤拓川小伝」(『長野短期大学紀要』第四八号、一九九七年)、拙著『伊藤博文を激怒させた硬骨の外交官加藤拓川』(高文研、二〇一二年)、「明治期ヒューマニズムの一考察―児玉仲児と安藤正楽」(部落問題研究所編・刊『近代日本の社会的分析』一九八九年)、「喜田貞吉」(永原慶二・鹿野政直編『日本の歴史家』日本評論社、一九七六年)、「喜田貞吉の歴史学と部落問題」(前掲拙著『日本歴史と部落問題』)、「水平運動の勃興と人道主義者の役割―三浦参玄洞・荒木素風・木本凡人について―」(部落問題研究所編・刊『部落史の研究　近代篇』一九八四年)、「社会運動家難波英夫とその人道主義的源流」(『部落問題研究』一〇三輯、一九九〇年)。ハーンを加えて八人全てについて、部落問題研究所編・刊『部落の歴史と解放運動　近代篇』(拙著、一九九七年)で概説した(傍線の二人を除く)。

(2) ジョセフ・ド・スメ『ラフカディオ・ハーン―その人と作品』(西村六郎訳、恒文社、一九九〇年)。仏語の原書刊行は一九一一年。

(3) 拙稿「ラフカディオ・ハーン(小泉八雲)小伝」(日本民主主義文学会京都文華支部『文華』第四二号、二〇一八年)。

(4) 小泉節子『思ひ出の記』(ヒヨコ舎、二〇〇三年)。底本(早稲田大学出版部、一九一四年)に「明らかな誤字・脱字以外」は忠実な由。平川祐弘編『小泉八雲回想と研究』(講談社、一九九二年)の編著者は同著巻頭の「小泉八雲の今日的意義」で「小泉節子の思い出はもと田部隆次著『小泉八雲』(北星堂、大正三年四月)に収められている」と記しているが、

『思ひ出の記』は、北星堂書店ではなく、早稲田大学出版部発行の田部『小泉八雲』に収められていたものである。

（5）「島根通信」の翻訳は、管見では、拙訳以外にはない。『ラフカディオ・ハーン著作集』第一五巻（書簡Ⅱ・Ⅲ／拾遺／年譜）の「拾遺」に収められている「島根・九州だより」などから省かれているからである。原文は芹澤銈介型染紬布装、本文越前和紙の向日庵（壽岳文章）私版『(英) 島根・九州だより』（一九三四年、限定一〇〇部）に収録されているが、壽岳私版は相当数が海外に移出している由。稀覯本中の逸品で、殆ど目にした人がいなかったそうである。但し、現在は国会図書館では観られる。

（6）松江市庁編・刊『松江市誌』（名著出版、一九七三年。原版は一九四一年）。

（7）（8）（9）（11）（12）（13）（14）（15）（16）（17）前掲拙訳「島根通信」。

（10）『近代部落史資料集成　第9巻』（三一書房、一九八五年）。

（18）平井呈一訳『飛花落葉他』（恒文社、一九八五年）。

（19）（20）（21）（26）（27）（28）前掲拙著『部落の歴史と解放運動　近代篇』。

（22）西田敬三編『西田千太郎関係資料』（稿本）其2（島根大学付属図書館所蔵）、池田達雄編『西田千太郎日記』（島根郷土資料刊行会、一九七六年）。西田の日記は島根大学付属図書館所蔵の写本と正誤を照合した（以下、同じ）。

（23）（25）（30）“KKORO : Hints and Echos of Japanese Inner Life”（1896, Charles E. Tattle Company. This is faccimile edition published by Yuhodo Booksellers Ltd. : 1981 : 29 Sanei-cho Shinjuku-ku, Tokyo）。

（24）（31）前掲拙訳「島根通信」。

（29）平井呈一訳『日本瞥見記』下（恒文社、一九七五年）。

（32）（34）（35）（42）（43）前掲拙訳「島根通信」。

（33）池橋編前掲『西田千太郎日記』。

（36）藤沢秀晴「鉢屋覚書」（『出雲高等学校研究紀要』第一一・一二号）、速水保孝編『出雲の歴史』（講談社、一九七七年）藤沢秀晴稿、拙稿「加賀藩政と藤内・皮多・非人」（前掲拙著『日本歴史と部落問題』）。

（37）前掲拙訳「島根通信」。鉢屋が平将門一族とその従者達の末裔だとの伝承は、「三つの俗謡」の序説的部分にも踏襲されている。諸書はその中の Taira-no-Masakado Heishino の Heishino を「平親皇」としているが、正しくない。将門は「新皇」を自称したことがあるので、報告者は「新皇」と訳すべきかと思ったことがあったが、nが一つ足りない。それで「平氏の」とした。ハーンはTaira（たいら）とHeishi（へいし）の双方を読者に伝えたかったのであろう。

(38) 島根県編『新編　島根県史　資料編』（臨川書店、一九八四年復刻）、前掲「鉢屋覚書」、前掲『出雲の歴史』参照。

(39) 前掲「鉢屋覚書」、前掲『出雲の歴史』。

(40) 拙稿「近世非人について」（部落問題研究所編・刊『日本の諸科学と部落問題』一九六四年）。

(41) 島根県立図書館所蔵文書。松江市庁編前掲『松江市誌』には非人小屋設置が「松平二代綱隆の時」とあるが、誤りである。

(44) 前掲拙稿「加賀藩政と藤内・皮多・非人」参照。

(45) 井原西鶴「恋草からけし八百屋物語」（『好色五人女』巻四、暉峻康隆他編『定本西鶴全集』第二巻、中央公論社、一九四九年）。

(46) 金井清光『民族芸能と歌舞の研究』（東京美術、一九七九年）。

(47)(48)(49)(50)(51)(52)(60) 前掲拙訳「島根通信」。

(53)(64) 前掲“KKORO : Hints and Echos of Japanese Inner Life”

(54)「盆おどり」（平井訳前掲『日本瞥見記』上）。この作品は明治期の盆踊りの全体像を現代の私たちに伝えてくれる。

(55)「杵築―日本最古の神社―」（平井訳前掲『日本瞥見記』上）。

(56) 原一郎「民謡学者としてのハーン」（『へるん』第五号、一九六八年）。

(57)「日本わらべ歌」（平井呈一訳『日本雑記他』恒文社、一九七五年）。

(58) 小泉節子前掲「思ひ出の記」。

(59)(61)(63) 平井呈一訳『東の国から・心』（恒文社、一九七五年）。

(62)『ラフカディオ・ハーン著作集』第一五巻（『書簡Ⅱ・Ⅲ／拾遺／年譜』恒文社、一九八八年）。

(65) 柳宗悦「朝鮮人を想ふ」（『柳宗悦選集』第四巻、日本民芸協会、一九五四年）。

(66) 拙稿「民芸運動とその騎手たち」（拙著『美術家の横顔 自由と人権、革新と平和の視点より』花伝社、二〇一一年）。

(67)「年譜」（前掲『ラフカディオ・ハーン著作集』第一五巻。

(68)(69) 小泉節子前掲『思ひ出の記』。

(70)(75) 前掲拙稿「ラフカディオ・ハーン（小泉八雲）小伝」。

（71）（72）『日本』の原文は Artisan を Artizan と誤植している。

（73）"Talkes of Old Japan" は「穢多娘と旗本男」の項を立て、ある意味で先駆的に部落問題と関連する叙述をしているが、非人の頭の娘おこよを穢多の娘に取り違えていることが示しているように不正確な点が少なくない。なお、『日本』の原文は原著の書名にある Talkes の k を落として Tales と誤植している。

付記する。わが恩師西岡虎之助の主著の一つ『民衆生活史研究』（福村書店、一九四八年）は戦後間もなく出版された大著である。巻末の一篇を除き、戦中、戦時体制下において書かれた論文である。それをその儘本に出来るところが西岡の凄さだ。巻末の「社会結合における階級と身分」（『民族学研究』復刊第二号、一九四七年、巻頭論文）は「おこよ源三郎」を史料として用い、非人の娘と旗本との「悲劇」を例示しつつ、「人情ないし人間性の本質にそむいて発現するものであってみれば、いきおいそれは永続きしない」、「階級意識の喰いちがいは、階級的に縦の社会結合にたいして、これを破綻ないし崩壊させる作用をする」と論じ、部落差別が「永続きしない」ことを展望している。部落問題に触れた戦後最初の学術論文であろう。

（74）拙稿「幕末の尊王論と穢多身分還元論―帆足万里と千秋有磯の場合―」、前掲拙稿「喜田貞吉の歴史学と部落問題」（共に前掲拙著『日本歴史と部落問題』）をご覧あれ。

付記　横浜開港資料館・島根大学付属図書館・京都大学附属図書館・島根県立図書館に大変お世話になった。お礼申しあげる。また、池田由美子さんに手書きの拙稿の整理をお願いした。心から感謝する。

付1 ラフカディオ・ハーンの無署名「島根通信」
——『ジャパン・ウイークリー・メイル』一八九一年六月十三日号——

The Japan Weekly Mail.

A REVIEW OF JAPANESE COMMERCE, POLITICS, LITERATURE, AND ART.

No. 24.] REGISTERED AT THE G.P.O. AS A NEWSPAPER. YOKOHAMA, JUNE 13TH, 1891. 第三種郵便物認可 [VOL. XV.

CONTENTS.

or having called at Bangkok or Malacca should undergo examination at the Nagasaki quarantine station.

THE Agricultural and Commercial Department proposes to build new premises for the laboratory of the Geological Bureau at an estimated cost of 30,000 *yen*.

A SUM of money amounting to *yen* 100 has been granted by the Emperor towards the expense of erecting a monument in commemoration of the well known painter Watanabe Kwazan.

THE *Shino-nome Shimbun*, a daily newspaper published in Osaka, was suspended on the 8th instant on the ground that it contained matter prejudicial to public morality.

THE *Niigata Maru*, of the Nippon Yusen Kaisha, which ran on a rock off the coast of Shimonoseki, Kishu, arrived at Nagasaki on the 7th instant to repair damages there.

DR. CARGILL G. KNOTT, of the College of

397,553 messages and *yen* 119,024.45 receipts. As compared with the previous month the above figures show an increase (sages, and *yen* 34,013.50 receipt

AN ordinary meeting of the Ca on Tuesday, the 9th instant, a Matsukata, Goto, and Oki, Visc Kabayama, Tanaka, and Taka Mutsu were present. The pro menced at 11 in the forenoon closed till late in the afternoon.

TELEGRAPHIC information has be the Yokohama Branch of the Kaisha to the effect that the *Niigata Maru*, which left Ko instant for Yokohama, ran on coast of Shiomisaki, Kishu, an Kobe. The accident is reporte place about 2 a.m. in the morning

A GENERAL MEETING of member

the actor lays writer and orator under tribute to his art. I know that the play-writer often forgets the dignity of his calling; but commencing with Shakespeare—still and easily, the intellectual monarch of the race—and including Johnson, Sheridan, Bulwer, and a host of others, the English Stage has produced a royal literature. But the chief excellence of the Stage is that it gives artistic expression to ennobling sentiments, coupling with harmonious sound and graceful actions, ideas worthy of both. One of the old Greek comedians has beautifully said:—

> "Whenso'er a man observes his fellow
> Bear wrongs more grievous than himself has known
> More easily he bears his own misfortunes."

To furnish spectacles of heroic endurance, of truth at last victorious over falsehood, of virtue triumphant over vice, of motherly affection persisting in spite of all discouragements, of the true man and good finally outwitting and defeating the scheming villain, is the peculiar province of the Theatre. And I believe that such sights serve to inspire men to strive against odds, to resist temptation, to despise craft and cruelty, and admire truth, honour, manliness. Mr. George Augustus Sala said not long ago: "He had always maintained that the drama should be considered not merely as an amusement or recreation, but as a distinctly educational and moral agency—a view which was supported by the fact that the 'gallery' always applauded every good, honest, and moral maxim that was enunciated on the stage." I am sure you have all noticed the same thing. No long ago I went to an English theatre to witness a performance of the "Silver King." The best actor in the cast was the "heavy villain," a character made by the author thoroughly detestable. At the close of the act, the audience honoured the performers with a recall. As one after another crossed from side to side, the audience applauded each good-naturedly; till the villain appeared, and was greeted with a storm of hisses. He smiled and smiled, and bowed and bowed, but the audience evidently bearing in mind the couplet,

> "A man may smile and smile, and be a villain still,"

refused to endorse the villainy which it was his ill fortune to represent. In the same piece a nother illustrates the beauty of maternal endurance and affection, and although her lines were mediocre, and her action not particularly brilliant, she was received by the audience with rapturous applause. But if you recall your own experience in the Theatre, will it not witness to the same truth? Who ever sided with *Shylock* against *Antonio*; with *Iago* against *Othello*; with *Don John* against *Claudio*; or with *Wolsey* against the unfortunate *Catharine*? The representative of truth, of filial love, of righteous anger, secures our

all good men should be to guide it into channels of usefulness. And the Church, instead of antagonizing, should again renew its early relationship with the Stage, and by wise counsels direct its lietrature, elevate its standards, purify its performances, and ennoble its performers. I look forward toward a time—perhaps I am sanguine—when the Church shall have altogether ceased its opposition to the Stage; to a time when the Church shall have given up all defence of its own past follies, and the Stage renounced the idea of defending the black spots in its history; to a time when preacher and actor shall say, when I was a child I spake as a child, I thought as a child, I understood as a child; but when I became a man, I put aside childish things. In that day, the candle upon the altar and the footlight of the Stage shall mingle their friendly light to illuminate the pathways of human experience. Then all true men will join with an ennobled public sentiment and declare:

> "Honour and shame from no condition rise;
> Act well thy part,—there all the honour lies."

LETTER FROM SHIMANE.

(FROM OUR OWN CORRESPONDENT.)

Matsue, May 29th.

The departure of Governor Koteda last Sunday for his new post at Niigata was an event such as Matsue rarely witnesses. It is no exaggeration to say that the whole population turned out to bid their much-loved prefect farewell. Immense crowds lined the river banks and the bridge; and all windows and roofs commanding the river side were occupied by spectators. The most noteworthy fact was the silence of the multitude; there was scarcely a sound to be heard until the moment when the steamer began to move, when all the people burst into a cheer, and continued to cheer until the vessel passed out of sight on its way to Mionoseki. A party of gentlemen followed in another steamer to escort the Governor as far as the first day's stage of his long journey.

I paid several visits recently to the settlement of an outcast class, known in Matsue as *Yama-no-mono*. This settlement is at the southern end of Matsue, in a tiny valley behind the ring of hills which form a half-circle behind the city almost exactly in the same way as Yokohama is partly surrounded by a demi lune of hills. The sea at Yokohama, completing the city's boundary, has its counter-part here in the sea like lake called Shinjiko. Few Japanese of the better classes have ever visited such a village—much less numbers of the

employment as servants. Their old times often became *joro*; bu they enter a *joroya* in any neighl less in their own, so they were ments in remote places. A *yam* could not even become a *kurum* not obtain employment as a co any capacity, except by going city where he could conceal his o tected under such conditions he w risk of being killed. In ancient such men actually were killed b labourers. Under any circumsta difficult for a *yama no-mono* to for a *heimin*. Centuries of isolat have fixed and moulded the man in recognizable ways; and ev has become a special and curio strange physiological law—exempl in the history of the West Inc and in the history, too, of gips —whereby the beauty of the wom ted or oppressed race is develope Nature itself against prejudice, good in the case of the outcast Mitford has given us an Englis tradition of beauty among the *Et* literature contains many such. *no mono*, I have also heard that re is not uncommon among their you deed the fact that in former day were sold to *joroya*, would appea statement.

I was anxious to see somethin singularly situated and specialized good fortune to meet a Japanese although belonging to the highest was kind enough to agree to acc village, where he had never been b our way thither he told me many about the *yama-no-mono*. In fe people had always been kindly treated by the *samurai*; and they were often allowed or invited to enter the courts of *samurai* dwellings to sing and dance, for which performances they were generously paid. The songs and the dances with which they were able to entertain even those aristocratic families were known to no other people, and were called *Daikoku-mai*. The singing of the *Daikoku-mai* was, in fact, the special hereditary art of the *yama-no-mono*; and represented their highest comprehension of esthetic and emotional matters. In former times they could not obtain admittance to a respectable theatre; and, like the *hachiya*, had theatres of their own. It would be interesting, my friend added, to learn the origin of their songs and their dances. For their songs are not in their own special dialect, but

LETTER FROM SHIMANE.
(FROM OUR OWN CORRESPONDENT.)

Matsue, May 29th.

The departure of Governor Koteda last Sunday for his new post at Niigata was an event such as Matsue rarely witnesses. It is no exaggeration to say that the whole population turned out to bid their much-loved prefect farewell. Immense crowds lined the river banks and the bridge ; and all windows and roofs commanding the river side were occupied by spectators. The most note-worthy fact was the silence of the multitude ; there was scarcely a sound to be heard until the moment when the steamer began to move, when all the people burst into a cheer, and continued to cheer until the vessel passed out of sight on its way to Mionoseki. A party of gentlemen followed in another steamer to escort the Governor as far as the first day's stage of his long journey.

I paid several visits recently to the settlement of an outcast class, known in Matsue as *Yama-no-mono*. This settlement is at the southern end of Matsue, in a tiny valley behind the ring of hills which form a half-circle behind the city almost exactly in the same way as Yokohama is partly surrounded by a demi lune of hills. The sea at Yokohama, completing the city's boundary, has its counter-part here in the sea like lake called Shinjiko. Few Japanese of better classes have ever visited such a village——much less numbers of the middle class, in whom caste prejudice is always, in all countries, far stronger than among the aristocracy. The idea of defilement, both moral and physical, attaches too strongly to the mere name of *Yama-no-mono*. Although the settlement is within half an hour's walk from the heart of the city, there are not perhaps half-a-dozen of the thirty-odd thousand citizens of the town who have ever even seen it. There are four outcast classes in the town of Matsue and its environs ; ——the *Hachiya*, the *Koya-no-mono*, the *Yama-no-mono* and the Eta, whose principal settlement is at Suguta. There are two settlements of *Hachiya*. There were formerly the public executioners, and served under the police in various capacities. Although by ancient law the lowest class of pariahs, their intelligence was sufficiently cultivated by police service and by contact with superiors, to elevate them in popular opinion above the other outcasts. They are now manufacturers of bamboo cages and baskets. They are said to be descendants of the family and retainers of Taira-no-Masakado-Heishino, the only man in Japan who ever seriously conspired to seize the imperial crown by armed force, and who was killed by the famous general Taira-no-Sadamori.

The *Koya-no-Mono* are slaughterers and dealers in hides. They are never allowed to enter any house in Matsue except the shop of a dealer in *geta* and other foot gear. Originally vagrants, they were permanently settled in Matsue by some famous Daimiyo, who built for them small houses *Koya*——on the bank of the canal. Hence their name. As for the *Etas* proper, their conditions and calling are too familiar to need any remarks from me.

The *Yama-no-Mono* are so called because they live among the hills (*yama*) at the southern end of Matsue. They have a monopoly of the rag-and-waste paper business ; and are buyers of all sorts of refuse, from old bottles to broken-down machinery. Some of them are rich. Indeed, the whole class is, compared with other outcast classes, prosperous. Neverthelss, public prejudice is still strong against them, almost as strong parhaps as in the years previous to the abrogation of the special laws concerning them. Under no conceivable circumstances could any of them obtain employment as servants. Their prettiest girls in old times often became *joro* ; but at no time could they enter a *joroya* in any neighbouring city, much less in their own, so they were sold to establishments in remote places. A *yama-no-mono* to-day could not even become a *kurumaya*. He could not obtain employment as a common labourer in any capacity, except by going to some distant city where he could conceal his origin. But if detected under such conditions he would run serious risk of being killed. In ancient times, I am told, such men actually were killed by their comrade-labourers. Under any circumstances it would be difficult for a *yama-no-mono* to pass himself off for a *heimin*. Centuries of isolation and prejudice have fixed and moulded the manners of the class in recognizable ways ; and even its language has become a special and curious dialect. That strange physiological law——exemplified remarkably in the history of the West Indian half-breeds, and in the history, too, of gipsies and of Jews, ——whereby the beauty of the women of a persecuted or oppressed race is developed as a protest of Nature itself against prejudice, is said to hold good in the case of the outcast classes of Japan. Mitford has given us an English version of one tradition of beauty among the *Eta* ; and Japanese literature contains many such. As for the *yama-no-mono*, I have also heard that remarkable beauty is not uncommon among their young women. Indeed the fact that in former days many of these were sold to *joroya*, would appear to confirm the statement.

I was anxious to see something of a class so singularly situated and specialized ; and I had the good fortune to meet a Japanese gentleman who, although belonging to the highest class of Matsue, was kind enough to agree to accompany to their village, where he had never been himself. But on our way thither he told me many curious things about the *yama-no-mono*. In feudal times these people had always been kindly treated by the *samurai* ; and they were often allowed or invited to enter the courts of *samurai* dwellings to sing and dance, for which performances they were generously paid. The songs and the dances with which they were able to entertain even those aristocratic families were known to no other people, and were called *Daikoku-mai*. The singing of the *Daikoku-mai* was, in fact, the special hereditary art of the *yama-no-mono* ; and represented their highest comprehension of esthetic and emotional matters. In former times they could not obtain admittance to a respectable theatre ; and, like the *hachiya*, had theatres of their own. It would be interesting, my friend added, to learn the origin of their songs and their dances. For their songs are not in their own special dialect, but in beautiful quaint Japanese. And that they should be able to preserve this oral literature without deterioration is all the more remarkable for the fact that they are at present unable to benefit by the new educational opportunities afforded to the masses. Prejudice is still too strong to render it possible for their children to be happy in a public school. One might suppose a small special school possible ; but there would be no small difficulty in obtaining willing teachers for it.

The *yama-no-mono* village lies in a hollow behind the hill on which the superb Zen temple, called Tokoji, stands, at the southern end of Matsue. Behind the temple is a cemetery, and behind the cemetery the village. It has its little Shinto temple. I was extremely surprised at the aspect of the place ; for I had expected to see a good deal of ugliness and filth. On the contrary, I saw a multitude of neat dwellings, with pretty little gardens about them, and pictures on the walls of the rooms. There were many trees ; the village was green with shrubs and plants, and picturesque to an extreme degree ; for, owing to the irregularity of the ground, the tiny streets climbed up and down hill at all sorts of angles, the loftiest street being fifty or sixty feet about the lowermost. A large public bath house and a public laundry bore evidence that the *yama-no-mono* love clean linen as well as their *heimin* neighbours on the other side of the hill.

A crowd soon gathered to look at the two visitors who had come to their village ——a rare event for them. The faces about me seemed much like the faces of the *heimin*, except that I fancied the ugly ones were much uglier, making the pretty ones appear more pretty by contrast. There were one or two sinister faces, ——recalling faces of gipsies that I had seen ; ——while some little girls, on the other hand, had remarkably pleasing soft features. There were no exchanges of civilities as upon meeting *heimin* ; ——a Japanese of the better class would as soon think taking off his hat to a *yama-no-mono* as a West-Indian planter would think of bowing to a negro. The *yama-no-mono* themselves show by their attitude that they expected no forms, and they pay no greeting. Not the men at least ; some of the women, on being addressed, made a very gracious obeisance, and thanked my companion for certain kindness as nicely as any of the common people could have done. Other women——wearing coarse straw sandals (an inferior quality of *Zori*) ——would answer only "yes" or "no" to questions, and seemed to be suspicious of us. My friend also called my attention to the fact that the women dress differently from other Japanese women of the lower classes. For example, even among the very poorest *heimin* there are certain accepted laws of costume ; there are certain colours which may or may not be worn according to the age of the person. But even elderly women among these people wear *obi* of bright red or variegated hues, and *kimono* of a showy tint. Those of the women seen in the city streets, selling or buying, are the elders only. The younger stay at home. The elderly women always go into town with large baskets of a peculiar shape, by which the fact that they are *yama-no-mono* is at once known. Numbers of these baskets were visible ——principally at the doors of the smaller dwellings. They are usually carried on the back, and are used to contain all that the *yama-no-mono* buy : ——old paper, old wearing apparel, bottles, broken glass, and scrap-metal.

A kindly-faced middle-aged woman at last ventured to invite us to her house, to look at some old coloured prints she wished to sell. Thither we went ; and were as nicely received as in a *heimin* residence. The pictures——including a number of prints by Hieroshige, proved to be worth buying ; and my friend then asked if we could have the pleasure of hearing the *Daikoku-mai*. To my great satisfaction the proposal was joyfully received ; and on our agreeing to pay a trifle to each singer, a small band of neat-looking young girls whom we had not seen before, suddenly made their appearance, and prepared to sing while an old woman made ready to dance. Both the old woman and the girls provided themselves with curious instruments for the performance. One or two had instruments shaped like mallets, made of paper and bamboo ; these might be intended to represent the hammer of *Daikoku* ; they are held in the left hand, a fan being waved in the right. Other girls were provided with a kind of castanets, ——two flat pieces of hard dark wood, connected by a string, and sounded by rapid tapping with the fingers. Six formed in a line before the house. The faces of all were both pleasing and characteristic. The old woman took her place facing the girls, holding in her hands two little sticks, ——one stick being notched all along its length. By drawing it rapidly across the other stick, a curious rattling noise is made.

The old women rubbed her little sticks together ; and, from the throats of the three girls on the right, ranged out a clear sweet burst of soprano song totally different from anything I had ever heard in Japan before ; while the three castanets made one measured clattering, keeping exact time to the syllabification of the words, very rapidly uttered. When these three had sung, alone, what I supposed to be the first verse, the voice of the other three women, deeper, but equally sweet, suddenly joined in, producing a delicious harmony ; and a kind of burthen was chanted by all in unison. Then the three sopranos began again alone another verse ; and the first performance was reiterated. In the meanwhile, the old woman was dancing a very fantastic dance, which elicited hearty laughter from the crowd, and occasionally chanting a few comic words.

The song was not comic, howerer, itself ; but a very pathetic ballad entitled *Yaoya-O-Shichi*. Yaoya O Shichi was a beautiful girl who, many hundred years ago in Kyoto, set fire to her own house in order to obtain another meeting with her lover, residing in a temple where she expected that her family would be obliged to take refuge after the fire. But being detected and convicted of the terrible crime of arson, she was condemned by the severe laws of that age to be burnt alive. The sentence was carried into effect ; but the youth and beauty of the victim, and the motive of her offence, evoked a sympathy in the popular heart which found later expression in song and drama.

While singing, none of the performers, except the old woman, lifted their feet from the ground——only slightly swaying their bodies in time to the song. It lasted more than one hour——during which the voices never failed in their sweet fresh quality ; and yet so far from being weary of it, and although I could not understand a word uttered, I felt very sorry when it was all over. One could listen to such singing all day. Certainly no singing I ever heard from the *geisha* could compare in charm with this simple ballad-singing of a despised outcast class. And with the pleasure of it, there came to the foreign listener also a strong sense of sympathy for the young singers——victims of a prejudice so ancient that its origin is no longer known——and that pity which is said to be akin to a stronger and better feeling than mere compassion.

〈凡例〉

(1) 原文のイタリック体はすべて「　」をつけた。その他には一切「　」を用いなかった。

(2) 訳語として問題が生じると思われる語句は原語を（　）内に記した。ただし、そのうち、ranged out は rang out の誤りであろう。その他の（　）は原文にある場合に限って用い、筆者が自ら付したものはない。

島根通信（わが社の通信員より）

松江、五月二十九日

この前の日曜日、籠手田知事が新潟での新しいポストに就任するために出立したが、それは松江ではめったにお目にかかれない出来事であった。松江に住む人たちが、みんな、敬愛してきた知事に別れを告げに集ったと言っても過言ではない。数え切れない群衆が河岸や橋に並び、川畔を見渡すことの出来るすべての窓と屋根は一目見て名残りを惜しもうとする人たちで一杯であった。もっとも注目すべき事実は群衆のみんなが無言だったことである。汽船が動き始める瞬間までほとんど音らしい音は聞えなかったが、動き出すと同時に、突然、すべての人たちの嵐のような歓声が湧きおこった。歓呼の声は美保の関へ行く途中で船が見えなくなるまで続いた。紳士たちの一行は、知事の長い旅程の第一日の宿泊地まで随行すべく、別の汽船で彼のあとを追った。

私は、最近、松江で、「山の者」として知られ、社会から除け者にされている階層（outcast class）の部落（settlement）を何度か訪れた。この部落は、松江の南端に位置し、横浜が半月のような形をした丘陵で部分的に囲まれているのと同じように、市街の背後に半円形をした丘陵が輪になっている内側のせまい谷間に存在する。横浜では海が完全に市街の境界をなしているが、ここでは宍道湖がそれに当たり、両者は対応している。「山の者」より上の普通の階層（better classes）の日本人で今までにこのような村落（village）を訪れた者はほとんどおらず、まして、中流の階層の人たち（middle class）においてはなおさらのことである。中流や普通の階層の人たちの間では、カースト的偏見が、すべての国で常にそうであるように、上流社会の人びと（aristocracy）よりもはるかに強い。ただ「山の者」という名前だけで、穢れの観念が精神的にも肉体的にもあまりにも強くつきまとっている。この部落は市街の中心から歩いて三十分以内のところにあるが、三万余を数える市民のうちでいままでにそこを訪れた者はおそらく半ダースに満たないであろう。松江の町と郊外には社会から除け者にされている四種の階層が存在している。すなわち、「鉢屋」・「小屋の者」・「山の者」と「穢多」で、主要な部落は菅田にある。「鉢屋」の部落は二つ存在する。「鉢屋」は、往時、主としてお上の仕事である死刑執行にたずさわり、さまざまな役割を担って、警察のもとで奉公した。彼らは昔からの掟で、賤民中、最下層にあったが、たとえ、そうであっても、警察の任務や地位の高い人士との接触によって、知能が十分に啓発され、世評では、社会から除け者にされている他の階層の人たちより、教養を高めていた。現在、彼らは、籠・笊など、竹細工をしている。彼らは平将門（平氏の）の一族と従者たちの末裔だと言われる。彼は武力で帝位を奪い取ろうと真剣に企てた日本で唯一の男であり、有名な将軍、平貞盛に討たれた。

「小屋の者」は屠殺者や皮革業者である。彼らは、下駄や他の履物の商人の店以外、松江ではいかなる人家へも立ち入ることも許されていない。もともと、浮浪民であった彼らはある有名な大名に堀割の土手に小さな家――「小屋」を建ててもらい、永住したのである。彼らの名称の由来はここにある。本来の「穢多」については、彼らの境遇や職業があまりにもよく知られているので、私からいかなる説明も要しないであろう。

「山の者」は松江の南端の丘陵（「山」）に住んでいるので、そう呼称される。彼らは襤褸・紙屑の回収の独占権を持っている。また、空ビンからこわれた機械類まで、あらゆる種類の廃物の仕入業者である。彼らのなかには富裕な者もいた。実際、社会から除け者にされている他の階層にくらべて、彼らは全体的に暮らし向きがよい。にもかかわらず、「山の者」に対する世間の偏見はなお根強く、彼らに関する特別な掟が廃止される以前とほとんど同じくらいきびしいものがある。想像を絶する程の境遇にあるため、彼らのうち、誰一人、奉公人に雇ってもらえる者はいなかった。往昔、「山の者」のもっとも器量のよい娘たちがしばしば「女郎」になった。しかし、彼女たちは、地元は勿論、近隣の都市の「女郎屋」へもけっしてはいれなかった。それ故、遠隔地の施設へ売られたのである。「山の者」は、今日、「傭屋」にもなることが出来ない。彼は、素性を隠すことの出来るどこか遠く離れた都市へ行かない限り、どんな仕事であっても、普通の労働者に雇ってもらい得なかった。しかし、もし、事情を見破られたならば、殺されるという危険をおかすことになるであろう。昔、このような人びとが同僚の労働者たちに殺されたと、私は聞いたことがある。いかなる状況のもとであっても、「山の者」が「平民」になりすますことはむずかしかろう。幾世紀にも及ぶ隔離と偏見が彼らの風習を、誰にもそうとわかるように、固定し、一定の形をつくってしまった。言葉でさえ、特殊な変った方言になってしまった。そうした不思議な生理学的法則は、西インド諸島の混血児の歴史、ジプシーやユダヤ人の歴史に顕著な例が示されている。迫害を受け抑圧されてきた人種（race）の女性たちの美しさは偏見に対する自然そのものの抗議として目立ってきたのであるが、日本においても、社会から除け者にされてきた諸階層に当てはまると言われる。ミットフォードは、「穢多」に見られる美しさの一つの伝統について、英文による飜訳を私たちに提供している。日本の文学にはこうした内容のものが沢山ある。「山の者」について言えば、注目に価する美しさが若い女性の間でめずらしいことではないと、私は聞いている。実際、かつて、「山の者」の若い女性たちが沢山「女郎屋」に売られた事実がこのことを確証していると言えよう。

私は、異常な境遇におかれ、特殊化されている階層について、何か知りたいと、切望していた。私は一人の日本人紳士にめぐり会う幸運に恵まれた。彼は、もっとも上流の階層に属しているが、自分では今まで行ったことのない「山の者」の村落へ親切にも同行する労をとってくれた。彼は、そこへ行く途中、めずらしい話を沢山してくれた。封建時代には、「山の者」はいつも「侍」から親切に待遇された。彼らはしばしば「侍」の屋敷の中庭にはいることを許され、あるいは招じ入れられて、歌ったり踊ったりした。そして、演技に対して気前よい喜捨を受けた。彼らが、上流の人びとをさえ、楽ませることが出来た歌や踊りは他の人たちには知られていなかった。

その踊りは「大黒舞」と呼ばれていた。「大黒舞」の歌は、実に、「山の者」が先祖代々受け継いできた格別な芸術であり、美的な、情緒的な内容に対する彼らのきわめて高い理解度を示していたのである。昔、彼らは、立派な芝居小屋にはいることを認められなかったので、「鉢屋」と同じように、自分たちの芝居小屋をもった。私の友人は、彼らの歌と踊りの起源を知ったら興味深いだろうと、つけ加えた。何故なら、彼らの歌は、自分たちの特殊な方言で歌われているのではなく、古風で趣きのある美しい日本語で歌われているからである。しかも、彼らが、低俗化させることなく、この口頭による文芸を保存し得たことは、「山の者」が一般大衆にあたえられている新しい教育の機会による利益を享受出来ないでいる事実に照らして、驚嘆に価する。今なお、偏見があまりにも激しいため、彼らの子どもたちが幸福に公共の学校に通学することが不可能にされている。小さな特別な学校を設けることは可能だと思われるが、自ら教育にあたろうとする教員を得ることは大変困難だ。

「山の者」の村落は洞光寺と呼ばれる壮大な禅寺が建っている松江南端の丘陵の向うの窪みにある。寺の背後に墓地があり、墓地の向うに村落がある。そこには小さな神社が存在する。私は村落の様子に少なからず驚かされた。なぜなら、多量の醜悪なものや不潔なものを見るに違いないと予期していたからである。ところが、それとは反対に、私が見たものは、周囲にきれいな小庭をめぐらし、部屋の壁に絵画が飾ってある多数のよく片付いた住居であった。沢山の樹木があって、村落は灌木そのほかの草木で青く、まるで絵のように美しかった。地形が複雑で、地面の凹凸が激しいため、せまい道路がいろいろな角度で登ったり下ったりしており、もっとも高い道路ともっとも低い道路とでは五～六十フィートもの標高差があるからだ。大きな共同浴場と共用の洗濯場の存在は、「山の者」が、丘陵の向う側の「平民」と同様に、清潔な肌着を好んでいることを証拠立てていた。

間もなく、彼らの村落へやって来た二人の訪問者を見ようと、群衆が集まった。彼らにとって滅多にない出来事だからである。私の周りの顔は「平民」の顔ととてもよく似ていると思われた。違いと言えば、何となく醜いのはずっと醜く、対照的に美しいのはいっそう美しく見えると、ふと、そんな気がしたことである。意地悪そうな顔が一つか二つあって、以前に私が見たジプシーの顔を想い起こさせたが、一方、それとは異なり、幾人かの少女たちは、驚く程、にこやかで可愛らしく、優しい顔つきをしていた。「山の者」のところでは、「平民」に会ったときにかわすような丁寧な挨拶のやりとりがなかった。西インド諸島の植民者が黒人（negro）に会釈するように、「山の者」より上の普通の日本人は脱帽しようと考えるだろう。しかし、「山の者」たち自身が作法を期待していないことを態度で示し、挨拶しない。少なくとも男性はしない。が、何人かの女性たちは、話しかけられると、ひじょうに慇懃なお辞儀をした。そして、一般の人たち（common people）の誰もしなかったような態度で、私の同道者の親切に感謝した。他の女性たちは、粗末なわらのサンダル（「草履」の質の悪いもの）を履いていたが、問いかけに、ただ〝ええ〟とか〝いいえ〟とか答えるだけで、私たちを胡散臭そうに見ているふうであった。私の友人は、彼女たちが他の下層の日本女性たちとは異なった服装をしている事実に、注意を促した。例えば、もっとも貧困な「平民」の間でさえ、衣服について一般に容認された法則がある。年齢によって、着てよい色と着ない方がよい色とがあるのだ。しかし、この人たちの間では、かなり年配の女性たちでさえ、真赤や斑になった色合いの「帯」、派手な色彩の「着物」を身につけている。市街の通りで見かける「山の者」の女性たちは、物を売ったり買ったりしているが、年配者だけである。年若な女性は家にいる。年配の女性たちはいつも独特な形をした大きな籠を持って町へはいって行く。この事実から、彼女たちが「山の者」だとすぐにわかる。こうした籠は、いくつも、主として小さい粗末な住宅の戸口に見られた。籠は、通常、背負て運び、古紙・古着・ビン、われたガラスや屑鉄など、「山の者」が買う一切合切を入れるのに用いられる。

親切そうな顔つきをした中年の女性が思い切って私たちを自分の家へ招いた。彼女が売りたいと思っている彩色版画の古いのを、何枚か、見せるためであった。「平民」の住居での場合と同じように、心地よく迎え入れられた。絵は、広重の描いた何枚かが含まれていて、買うに価するものとわかった。すると、そのとき、私の友人は、「大黒舞」を聴かせてもらいたいが、どうだろうかと、尋ねた。私にとって大変うれしかったことには、その提案は喜んで承諾されたのである。私たちがめいめいの歌い手にわずかばかりの礼をすることに同意すると、今まで見たことのない、整った顔立ちをした若い娘たちの小さな歌舞団が、突如、姿を現わし、一人の老女が踊りの用意を整えている間に、歌う準備をした。老女と娘たちは、演ずるために、めずらしい道具を持った。一人か二人が紙と竹で出来ている小槌のような形をした道具を持ったが、それは「大黒」の小槌を表現する心算かも知れない。道具は左手に持ち、右手は扇を波打つように揺り動かすのであった。ほかの娘たちは一種のカスタネットを持っていた。それは平らな二枚の堅い黒い木片で、紐で結ばれており、指ではやくたたいて音を出した。六人が一列になって家の前に並んだ。みんなの顔は愛敬があり、特徴があった。老女は娘たちと向い合って席を取り、両手に二本の小さな棒を持っている。棒にはその長さに沿って刻み目がつけられていた。棒と棒とを交差させてはやく強く引くと、変った音が出るのである。

老女は小さな棒を互いに擦り合わせた。右側の三人の娘の喉から今まで私が日本で聴いたことのあるどれとも異なった澄んだ美しいソプラノの歌が、突然、響き渡った（ranged out）。一方、三つのカスタネットは、歌詞の分節ごとに正確に拍子を合わせ、一つの拍子に揃った音をカタカタと鳴らしたが、それはいきなり高くなった。私が第一節だと推察していたところを、三人がそれぞれ独唱していた時、他の三人の女性の声が低く、しかし、同じように美しく、突如、加わって、優美なハーモニーをつくり出した。それから、一種の折り返し句が全員の斉唱で繰り返された。さらに、三人のソプラノがもう一度別の一節を独唱し始めた。そして、最初の演奏が繰り返された。その間に、老女がきわめて幻想的に舞を踊った。踊りは群衆から心からの笑いを引き出した。また、彼女は、ときどき、滑稽な一句を歌った。

しかし、歌そのものはけっして滑稽なものではなかった。「八百屋お七」と題する非常に悲哀に満ちた俗謡だった。八百屋お七は美しい娘であった。数百年前、京都でのことである。お七は、恋人にもう一度逢うために、自分の家に放火した。恋人は寺に住んでいて、彼女は、火事のあと、家族がやむなくその寺へ避難することを期待したからである。しかし、事は露見し、放火罪という恐ろしい罪科を得て、当時の厳しい掟により、火炙りの刑を宣告された。判決は実行に移された。しかし、刑死者の若さと美しさと、そしてまた、罪の動機とが、民衆の心に同情（sympathy）を呼び起こし、のちに歌や芝居の表現になったのである。

歌っている間、老女を除き、地面から足をあげる演者は誰もいなかった。ただ、歌っている間、わずかに体を揺り動かしていた。歌は一時間以上も続いた。その間、彼女たちの美しく生気のある歌声の特質はいささかも弱まらなかった。疲れている様子は少しも見えなかった。私は歌われている言葉がまったくわからなかったが、すべてが終ったとき、非常に残念な気がしてならなかった。このように歌われるのを、終日、飽かず耳を傾けることが出来るであろう。確かに、私は、今までに「芸者」から聴いた歌と、蔑まれ、社会から除け者にされている階層の人びとの単純な物語詩的な歌謡との、魅力を比較し得ない。私は聴くことの楽しみとともに、異国からの聴き手には、あまりにも古い故に、起源さえ判明していない偏見の犠牲である若い歌い手たちに対する強い同情（sympathy）の念がおこった。単なる憐憫（compassion）をこえた、もっと強く、もっとすぐれた共感に通ずると言われる同情（pity）の念が生じたのである。

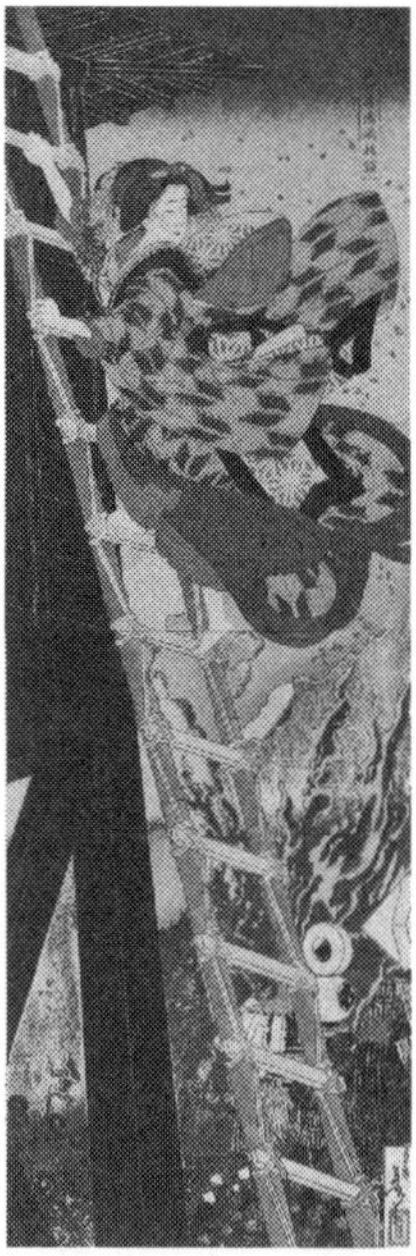

図．「八百屋お七」月岡芳年（1839〜92年）の「松竹梅湯嶋掛額」（1885年）
恋する寺小姓を救けようと、火の見櫓に長い長い緑の竹ばしごを上るお七。真紅の蹴出《けだし》の乱れはお七の恋の表象か。『図録 芳年 激動の時代を生きた鬼才浮世絵師』回顧展（2018年9月、練馬区立美術館）
「山の者」の大黒舞では「八百屋お七」は原作と違って江戸ではなく、京都の話になっている。

付2　言論・表現の自由と部落問題

　言論・表現の自由と「差別用語」についての活動の一つの前進は、日本ペンクラブが1994年の2月から7月にかけて5回の「『差別表現』に関する研究会」をもち、ついで同年10月、「差別表現に関するシンポジウム」を開催し、『「差別表現」を考える』を出版したことである(1)。

　この本を通覧すると、「差別表現」を巡る体験のある会員の文章も、シンポジウム（全収録）を踏えた研究会委員が執筆した提言も「差別表現」問題を本気で考えていることがよくわかる。自由に書き、かなり自由に発言してもいる。しかし、ペンクラブ会員の8割近くが「差別表現」の規制を体験しているのに、なぜ、マスメディアの過剰な自己規制が行われるのかがきわめて不十分にしか追及されていない。そのため、シンポジウムに参加した人たちのアンケートの回答の多くは、せいぜい、「言葉狩り及び自主規制には全面的に反対です」とか、「糾弾権と反論権の活発な言論戦を湧き起こさせるべきだろう」とか、少々前向きな一般論止まりになってしまっている。だから、アンケート回答者の一人は言う。「自主規制」を「そこまでに至らしめた、例えば部落解放同盟の《抗議》の名を借りたすさまじいまでの声も伝えて欲しかった。おびえさせてまでやるからこうなるのだ」。「声」とは音声のことである。

　部落解放同盟とあるのは　パネラーの1人、解放出版社（「解同」の子会社的存在＜当時＞）の人。彼は研究会（テーマ「差別表現に対する部落解放同盟の見解」）にも講師として出席し、『侮蔑の意思』の有無」が、「差別表現か否かの基準である」と述べている(2)。私も、「解同」が無闇矢鱈に「差別語狩り」をやり、「糾弾」していた時期には、「解同」などを批判して、全国水平社の「差別表現」に関する理論的到達である「侮蔑の意思の有無」によって判断すべきものだと主張していた(3)。私も誤っていたが、彼らも少し前進したと言える。

　しかし、この点について、既に89年12月、奥平康弘氏は、実害がないのに権力が抑圧してはならないのが近代社会の原則であり、目に見えない言動という表現行為を実害発生のおそれありとして抑圧しようとすると、抑圧する側の価値判断を絶対視し、権力を濫用する可能性がきわめて高くなると、言論・表現の身由と抑圧の関係を学問的に明らかにしている(4)。また、92年12月、K・V・ウォルフレン氏は、部落出身だということで具体的に実害が生じた場合は差別だが、「解同」にも「差別」の有無について判断する権利はなく、それなのに「差別」だと言うのはむなしい理論だと述べた(5)。奥平氏が理論的に明示した点は、考えてみれば、常識的に納得出来ることである。ウォルフレン氏はこの点につき、部落問題に即して「解同」の誤りを具体的に指摘した。

呼称を始め、言葉には時代の制約があり、その穿鑿はいたずらに不毛をつくり出すだけで、ナンセンスである。したがって、「差別表現」で問題になるのは言葉ではなく、文章全体の内容・思想であり、それに対する批判は自由だが、「差別表現」と断定出来るのは実害を蒙るという、差別と断定し得る具体的事実がある場合に限定されることになる。

戦前における思想・信条や学問、言論・表現に対する権力の弾圧・抑圧を戦後間もなく分析した以降の奥平氏の理論水準に照らし(6)、日本ペンクラブが真面目に取り組んで得られた成果も十分であるとは言えないが、「解同」関係者の見解は時代遅れもはなはだしい。その誤った見解を絶対のものとして声高に恫喝して押し通していく不正義のファッショ的な営為がマスメディアの「自主規制」の根本要因なのである。言論・表現の自由を擁護・伸張するためには、支配勢力の、特にその一部に見られる自由と公正を蹂躙して憚らないファッショ的横暴と共に、「解同」の不当な言動を批判し、闘うことが求められる。ここでも一人ひとりの個人の独立、自己確立が基礎的条件として問われることになる。

近年、部落問題に係わる文化面で重要な一つは、島崎藤村『破戒』についての学問的・実証的な研究が前進しつつあることである。この前進によって、部落解放全国委員会とその後身である部落解放同盟の「声明」等に呪縛された、あるいは自縛した作品論・作家論、文庫の「解説」などに見られる偏頗な評価が改められていくことを望む。呪縛・自縛から解放された自由な作品鑑賞・作品研究は個の確立への小さな営為なのである。私もいま、その一つをやっている(7)。

【註】

（1）日本ペンクラブ編『「差別表現」を考える』（1995年、光文社）

(2) 佐野洋「あとがきにかえて—日本ペンクラブ『「差別表現」に関する研究会』について」(日本ペンクラブ編前掲書)。

(3) 拙稿「部落問題を主として見た表現の自由と『差別用語』」(拙編『表現の自由と「差別用語」』〈1985年、部落問題研究所〉)。

(4) 拙稿「言論・表現の自由」(拙編『表現の自由と部落問題』〈1993年、部落問題研究所〉)。

(5) 拙稿「日本の支配システムと言論・表現の自由—解同の出版妨害をめぐって—」(前掲拙編『表現の自由と部落問題』)。

(6) 奥平康弘「検閲制度」(鵜飼信成他編『講座日本近代法発達史11』〈1967年、勁草書房〉)以来。

(7) 前掲拙著『島崎藤村『破戒』を歩く』(上〈2008年、部落問題研究所〉下〈2009年、同〉)。

図．拙著『島崎藤村「破戒」を歩く』
上『「破戒」を歩く』(左)、下『「藤村」を歩く』

付3　部落問題

―― 小学館『日本大百科全書』(ニッポニカ) ――

【部落問題の本質】

部落問題の部落とは、近世の封建的身分制の最下位に置かれた賤民(せんみん)のなかで、主としてもっとも主要な部分を占めていた穢多(えた)を直接の先祖とする人々のうち、明治維新の改革で封建的身分制が廃止されたのちも、身分的差別の残滓(ざんし)のため不当に人権を侵害されている人々が集中的に居住している地域のことである。太平洋戦争後これを未解放部落または被差別部落といい、単に部落とよぶことも多い。行政による戦後の同和事業が実施されてからは、同和問題・同和地区という呼称もよく使われるようになった。なお、同和問題の呼称は1941年(昭和16)に始まる。

先に「主として」としたのは、穢多と異なり、定着性の弱かったもう一つの主要な近世賤民、非人(ひにん)の集団の場合、近代になってほとんど解体してしまったが、残存した所もあり、また、穢多・非人以外にも近世賤民があって、旧身分制の残滓により不平等な扱いをされている人々が各地になお存在しているからである。

部落問題は、在日韓国・朝鮮人に対する差別問題と異なり、民族問題ではない。在日韓国・朝鮮人は、日本に居住しているが朝鮮民族(韓民族)であり、日本民族に対する他民族として尊重されるとともに、日本に帰化した人々を除けば、外国公民として尊重されなければならない。アイヌ問題は人種と民族の二つの側面をもっている。アイヌは、近代に入って、日本政府の同化政策により、民族的独白性をほとんど崩壊させられ、同時に、人種的には混血が進み、純血アイヌは極度に減少した。今日、アイヌ系住民の人権尊重には、基本的には、日本国民として尊重されること、日本国内の少数民族的存在として尊重されることの二側面がある。これに対して、未解放部落民に必要なのは日本国民として尊重されなければならないということだけである。差別の問題は、不当な人権侵害の一部ではあるが、その属性(本質)によって、解決された状態を異にする。したがって解決のための方途も違うから、属性の差異を明確にすることはきわめて重要である。

部落問題は、人種や民族の問題ではなく、封建的身分制に歴史的起因をもつ問題であり、身分そのものでなく、旧身分の残滓による社会的不平等の問題であり、未解放部落民が、近代以降、日本国民としての基本的人権を侵害されてきたという問題である。したがって、部落問題の解決とは、基本的には、日本の民主主義を発展させ、そのなかで旧身分の残滓を解消させていくことにほかならない。↓アイヌ　↓在日朝鮮人問題　↓差別　↓賤民

【近世の賤民】

身分が制度的に固定されていなかった中世では、個々には解放・向上、没落・変転が少なからずあって、被差別民はかなり流動的であった。しかし、中世末期、身分体系がしだいに整備され、被差別民も固定化されていった。このような状況下で、中世末から近世初頭（戦国時代から江戸初期）、斃牛馬（へいぎゅうば）処理や皮なめしなどに従事していた人々が戦国大名や近世大名の統制下に置かれ、奉公関係を結んだ。彼らは多くの地方で皮多（かわた）と呼称されていた。皮多と大名との奉公関係は、商人・職人などのそれの一環であったが、中世以来強められていた触穢（しょくえ）観念のため、近世初頭、皮多が蔑視（べっし）・差別されていたことは間違いない。しかし、17世紀初めごろの各地の検地帳のたぐいをみると、皮多は農民のなかに混ざって記載されており、その限りでは差別的統制はみいだせない。たとえば、1605年（慶長10）の信州上田藩のある村の「毛付帳」には、皮多の名は、桶（おけ）、笠（かさ）、浪人、市子（いちこ）など、肩書をつけた多数の農民の一部として出てくる。この事実から、封建的身分制が確立する以前においては、皮多に対する差別は後世より相対的に厳しいものではなかったといえる。

皮多への差別は17世紀なかばごろ強化された。たとえば、1663年（寛文3）の上田藩の「御改帳（おんあらためちょう）」で、武士、商工民、農民が各町、各村ごとに詳細に記載されているのとは別に、皮多が末尾に一括別記されているのがそれである。同じころ、商品経済の発達によって、幕藩体制の矛盾が表面化し、階層分化の激化により主として農民からの多数の没落民が出現、彼らは災害や凶作のたびに飢餓に陥り、さらに零落して乞食（こじき）になる者も少なくなかった。加賀藩では、1670年非人小屋を設置、乞食を収容して草履（ぞうり）製造などをやらせ、物乞（ご）いに出ることを禁じ、江戸では、1675年（延宝3）本格的に非人小屋をつくって乞食を収容、彼らの勧進（定期的に戸

ごとに金品をもらう）の縄張りを決めた。1605年の『徳川成憲百箇条（せいけんひゃっかじょう）』に穢多は「四民之外」とあるように、穢多の呼称は早くから用いられていたが、岡山藩では1667年から皮多が公的には穢多となり、上田藩では1706年（宝永3）成立の「村明細帳（むらめいさいちょう）」によれば、25か村中、藩庁の指示通りにしなかったと考えられる2か村で皮多の呼称が残っているほかは、すべて穢多にかわっている。

↓皮多　↓村明細帳

【差別の強化】

17世妃なかばから18世妃初め、多くの地方では、皮多は厳しい蔑称である穢多とよばれるようになった。幕府領では、1720年（享保5）穢多の年貢を「不浄」であるとして金納にし、1723年非人の見分けがつくように結髪を禁じるなど、差別が一段と強められた。このような穢多を中核とする近世賤民身分制の確立・強化は、乞食の本格的な出現が一つの契機になっていると考えられるが、幕府・諸藩が農民をはじめとする人民を分裂支配する役割を果たした。

近世賤民の様態は藩により地方により差異がある。警察・刑場関係の下役人足は、多くの藩では穢多が従事させられたが、江戸ではその下役を非人がやらされた。加賀藩の皮多（穢多）はこれをやらず、藤内（とうない）と称する同藩の賤民身分の中核的存在であった人たちが従事させられた。

時代が下るにつれ、民衆の抵抗の一環として、穢多が百姓一揆（いっき）に参加し、差別強化策に反対するなど、闘争を行うようになった。1856年（安政3）岡山藩が倹約令の一環として皮多（穢多）に渋染め・藍（あい）染めの無地以外の着物を用いてはならないと布令したのに対し、彼らが抗議して立ち上がり、約1500人が統制のとれた強訴（ごうそ）を行い、事実上これを撤回させた渋染一揆は、その代表的な例である。↓士・農工商・穢多非人　↓渋染一揆　↓百姓一揆

【賤民解放令の布告】

明治維新の改革の一環として、1871年（明治4）8月、「穢多非人（えたひにん）等之称廃サレ候条（じょう）、自今（じこん）（今より）身分職業共平民同様タルヘキ事」という「賤民（せんみん）解放令」が布告された。これにより、それまでの賤民は法的には平民となり、自由民権運動が発展するおりから、彼らのなかから「解放令」を根拠とする平等を要求する動きが現れた。

大審院判決も祭礼行事への平等な参加など、旧賤民身分の人々（部落民）の要求を支持する判決を出した。子

どもを公教育に就学させようとする部落民の要求は多くの地域で別学で認められた。学校教育では1900年(明治33）前後まではほとんどが部落民だけの学校で学ばされたが、要求の弱い小部落などでは不就学のまま放置された場合が多かったから、部落学校は差別された学校には違いないにしても、運動の成果であったといえる。しかし、軍事費の増強の煽りを受けて部落学校の統合が進められ、部落の児童が普通学校へ通学するようになると、路上や学校で厳しい迫害や侮蔑を受け、貧困と相まって、中途退学、長期欠席が多数に上った。不就学もすこぶる多かった。

明治政府は民権運動を弾圧し、90年（明治23）前後、絶対主義的天皇制を確立した。政府は民権運動のリーダーを含む豪農・名望家層との妥協を図り、彼らの地域支配を認め、小作人の人格を軽視した半封建的な寄生地主制を温存させた。また家父長的「家」制度を確立し、女性差別を制度的に存続させた。これらは絶対主義的天皇制の有力な支柱となった。こうした反動化は封建的身分に起因する社会的身分差別の撤廃をすこぶる困難にした。部落民だけが平等を獲得するなど、ありえなかったのである。大審院判決も部落民の平等の実現を願う要求を退けることが多くなった。したがって、近現代の社会問題としての部落問題の成立は明治中期だといえる。

→新平民

【部落改善運動と融和運動】

このような差別の残存に対して部落解放運動が勃興（ぼっこう）する。自由民権運動は部落解放運動の源流である。部落のインテリ青年層のなかには、自由・平等を高く掲げたこの運動に参加し、あるいはその影響を受けることによって、旧身分の桎梏（しっこく）から自らを解放しようとする者も現れた。また明治20年前後に、風俗矯正・勤倹貯蓄を中心とする自主的な部落改善運動が勃興した。改善運動が発展した明治末期、日露戦争後の快楽主義の風潮の広がりや社会主義思想の台頭、地方財政の窮迫に対応しようとした第二次桂（かつら）太郎内閣（1908～11）の手で、地方改良運動と称する社会再編政策の一環として、部落改善政策が着手された。それは「賤民解放令」を明治天皇の「聖旨」ととらえ、天皇制国家発展を目的として官民合同で部落改善を図る社会政策で、こうした考え方は融和主義とよばれる。米騒動の後、政府は1920年（大正9）、原敬（たかし）内閣が初めて部落改善予算を計上、環境改善や啓発を中心とする融和政策を開始した。また、大正デモクラシーの風潮のなかで、21年（大正10）創立の同愛会をはじめ、かなり自主性をもった融和団体が設立され、部落民の自

京都へ!! 京都へ!!

特殊部落民解放の自發的集團運動を起せ!

京都市公會堂における水平社創立大會に參加せよ!

全同胞の問題としての大阪の公開的差別撤廢大會に對して、京都のは寧ろ私共――一部少數民――の問題としての集團的見解を發表し且つ要求しやうとする相談會です。そして、それを大阪では差別撤廢を叫びながら、京都では自ら差別する如きものを――と云ふ人があるならば、却つてその人こそ根強く因襲にとらはれた人と云はねばなりません。大阪での樣な會を催す必要のある間は、京都での樣な會合を催す必要があるのです。それを吾々は、吾々だけが集る事をさへ差別撤廢と撞着しは爲ないか等と、案じてゐるやうでは到底眞の解放はのぞまれません。

社會一般としてもそうです。眞に差別撤廢を期するなれば、一片の法令が、直ちによく、一千年來の因習を打破し得たかの如く考へる樣に、何んでも早く兩方から一つになればよい、その他の、如何にしてほんとに一つにならうか?に付いての會合なんか有害無用だといふやうな考へ――譬へにもそう思はれる人はキツト過去半世紀の事實のまへに眼を瞑つてゐた人に相違ない――を全然取り除けて下さい。

そして、いかにも彼等――即ち吾々の社會群――が集合する事は當然であると思はれた時、そこからも、差別の氷を溶かす暖かさが流れるでせう。

皆んなしてもつと暖い人の世をつくり度いものです。

京都へ御集り下さい

水平社

覚向上、とくにいわゆる一般民の反省を強調する運動が展開された。↓米騒動　↓自由民権運動

【水平運動】

しかし、労働者階級の成長を背景に、社会主義思想の影響を受け、部落改善政策や融和政策を批判する立場で、部落民自身の自覚的運動によって水平・平等な社会を実現しようと、22年3月、全国水平社が創立された。水平運動は、基本的には、部落差別撤廃という民主主義的な要求をもとに結集し、自由・平等、人間として生きる権利の確立を目ざして闘った民主主義運動である。発足当初、水平運動は、徹底的糾弾を戦術としたが、初期からみられた部落外の農民・労働者との提携・協力がしだいに発展し、彼らに対する排他主義的な闘争は多くの地方で克服されていった。また全国水平社は、軍隊に対する差別糾弾闘争を反軍国主義と国民の人権確立の闘いに発展させた。一方、政府は融和政策を強めて、官製融和団体の設立と既存の融和団体の官製化を図った。戦時体制が強化されるなかで全国水平社も37年（昭和12）日中戦争を支持するに至り、40年以降は運動を続行できなくなり、42年自然消滅した。　↓全国水平社

【第二次世界大戦後の解放運動と同和対策事業】

第二次世界大戦後の部落解放運動は、46年（昭和21）部落解放全国委員会の結成に始まる。全国委は各地で生活擁護闘争を行い、運動の大衆的発展のなかで、55年部落解放同盟と改称した。解放同盟は勤務評定反対闘争、安保闘争、三井三池争議支援闘争などを通じて勤労国民との共同闘争を積極的に展開し、民主統一戦線の一翼を担った。このような解放同盟の動きに対して、部落の保守的な有力者層を中心に、60年全日本同和会が結成された。部落解放運動団体や地方自治体などの強い要請に押された政府は翌年、同和対策審議会を設置した。同対審は65年、部落問題の解決は国の責務であると答申、69年、10年の時限立法で同和対策事業特別措置法が制定された。同法は3年間延長されたが、82年、さらに5年を期間とする地域改善対策特別措置法（地対法）が制定された。

その間、解放同盟内部で運動路線をめぐる内部対立が激化し、「糾弾」路線に反対して除名された人々などによって、70年部落解放同盟正常化全国連絡会議が結成された。正常化連は76年、全国部落解放運動連合会(全解連)と改組した。現在、全国的な部落解放運動団体は、3組織のほかに、全日本同和会から分離した全国自由同和会（86結成）がある。

地対法の期限が切れた87年3月、引き続き実施することがとくに必要な事業に限定した5年を時限とする「地域改善対策特定事業に係る国の財政上の特別措置に関する法律」（地対財特法）が制定された。また同月、政府は部落問題についての社会啓発に関する指導文書「地域改善対策啓発推進指針」を策定した。地対財特法は92年（平成4）、さらに5年の時限で改正・延長されたが、97年3月、特別措置の同和対策は15事業の残務処理的施策を5年間存置したものの、国政レベルでは基本的には終結をみた。しかし、少なからざる地方自治体は従来の事業・施策を同和対策として継続・実施している。これに対しては、部落問題の属性に起因しているとはいえないわずかな格差を、格差が大きいかのように誤認しているとの批判があり、国政レベルと矛盾するとの指摘もある。

しかし一方、地対財特法の期限切れと入れ替わりに、96年12月、人権擁護施策推進法が制定され、翌年5月、政府は同法に基づき人権擁護推進審議会を発足させた。同審議会は、99年7月、人権尊重の教育・啓発に関する施策を総合的に推進する基本的事項について政府に答申した。　↓人権擁護施策推進法　↓人権擁護推進審議会　↓同和事業　↓同和対策法

【未解放部落の現状と課題】

第二次世界大戦後、日本国憲法が制定され、不十分な

点が少なくないとしても、民主的な諸改革が行われ、国民の権利が大幅に拡大され、民主主義思想が国民のなかにかなり浸透をみた。その結果、同和事業の進展と相まって未解放部落の差別的実態は著しく改善された。差別意識や偏見は残存しており、これらを助長しかねない動きもあるが、部落問題の場合、差別は急ピッチで解消に向かって前進した。

93年に総務庁が実施した『同和地区実態把握等調査』(95年3月刊行）などによると、未解放部落の住宅・居住環境や生活実態にみられた低位性はほとんどの分野でほぼ解消されている。

たとえば、1世帯当りの住宅平均敷地面積は全国平均の264平方メートルに対し、部落は259平方メートルで、格差がとくにみられるとはいえず、道路改良率は部落の存在する市町村平均が44・6％であるのに対し、部落は61・6％である。また、1世帯当りの平均畳数は全国平均が31・5畳、部落は31・3畳、世帯1人当りのそれは全国平均が10・4畳、部落が10・1畳で格差はみられず、1960年以前に建築した住宅の比率も全国平均が13・1％、部落が15・1％で、部落の住宅がとくに老朽化しているとはいえない。かつて病人が多いといわれた部落の通院・入院している有病者比率は24・9％で、全国平均は27・5％である。部落の健康破壊が顕著であるという実態はみられない。

15歳以上の就業率についてみると、全国平均が63・9％、部落が60・6％であり、失業率は全国平均が5・5％、部落が5・6％で格差がみられるとはいえず、かつて失業者のプールといわれた部落の実態は大きく変化した。また、部落は全国平均より生産的職業従事者の割合が少し多く、事務的職業従事者の割合がやや少ないが、専門・技術的職業および管理的職業従事者の割合には格差はみられない。

95年の中学校卒業生での高校進学率は全国平均が96・5％、部落が92・0％であった。4・5ポイントの格差である。63年は全国平均の66・8％に対して部落は30・0％で半分以下であった。それが75年には数ポイントまで格差が縮小した。しかし、それ以後は縮まっていない。総務庁調査は指摘していないが、同調査資料を分析すると、中学校の生徒中、部落出身の生徒の方は少数であることが一般的であるから、部落出身生徒の進学率が学校全体の平均進学率より高い場合が多い。全国平均と部落との若干の格差は、一部の部落のきわだった高校進学率の低さに起因している。つまり進学を困難にするような生活をしている階層が20世紀末の段階ではまだ残っているのである。従来の同和事業による奨学金の給付や貸与では解決できず、問題やその性格に合わせた対策が望まれる。このことは高校進学だけでなく、さまざまな分野でいえよう。

総務庁調査などが明らかにしているように、一部地域の一部部落を除き、部落の生活・住宅環境や就業状況、高校進学率など生活実態の部落外との格差は大きく是正された。社会的交流も進み、部落と部落外との結婚も若年層では4組中3組まで前進した。部落外居住の部落出身者と部落以外の者との結婚はさらに多いと考えられる。高齢者を含め部落民の9割が被差別体験なしという段階になっている。これらは国民・地域住民間の差別意識が払拭（ふっしょく）されてきている事実の反映である。以上は93年の政府調査結果からいえることである。

このような事実から特別対策としての同和事業の完了・終結と一般対策への移行は今日的課題である。総務庁調査を踏まえ、政府は同和事業を原則的に終了させる方針を打ち出した。21世紀になって、部落の実態は93年調査段階よりさらに改善され、部落問題は基本的に解決したといい得るに近い段階に到達しているものと思われる。しかし、国民、外国籍の人びとを含むそれぞれの地域住民の人権を擁護する立場で、一般行政水準を向上させることが求められる。

それぞれの「差別の属性」を重視することが必要だと前述した。部落問題は解決に向かって大きく前進しているが、女性問題、障害者問題、アイヌ問題、在日韓国・朝鮮人問題、外国人労働者問題、所属・思想などによる職場の差別、さらに広範な人権侵害とともに、人間がより人間として生き、発達していくための共通課題として統一的に把握して取り組むこともまた、重要である。

お断わり

末尾の現状は２０１０年代の状況を念頭において改策した。そのほか、３ヶ所修正を加えた。

出典一覧

第一章　ラフカディオ・ハーン（小泉八雲）小伝
…………『文華』第42号（２０１８年）

第二章　ラフカディオ・ハーンの作品に見る部落問題
…………『部落問題研究』第２２６輯（２０１８年）

付1　ラフカディオ・ハーンの無署名報告「島根通信」原文と訳文
…………『部落問題研究』第１１４輯（１９９１年）

付2　言論・表現の自由と部落問題（「戦後日本の思想状況と部落問題の動向」抜粋）
…………『部落問題研究』第１８９輯（２００９年）

付3　部落問題…………『日本大百科全書』
（ニッポニカ。書籍版）・（電子ブック版、１９９６年小学館）

表紙写真説明

表表紙
八雲旧宅（熊本市手取本町）前のハーン胸像（２００６年10月撮影）

裏表紙
松江大橋より宍道湖《しんじこ》大橋を臨む（１９９２年８月撮影）

成澤榮壽（なるさわ　えいじゅ）

1934年　東京市生まれ
現　在　部落問題研究所会員
　　　　日本民主主義文学会会員
　　　　日本ペンクラブ会員
1962年　早稲田大学大学院文学研究科修士課程（史学専攻）修了
同　年　東京立正高等学校教諭（～81年）
1990年　長野県短期大学教授（～96年）　96年　学長（～2000年）

1960年　部落問題研究所研究員を委嘱され、以後、評議員（66～75年）、
　　　　理事（75～2018年）を務め、2年間の理事長代行を経て、
　　　　2002年　理事長（～18年）
1975年　国民融合をめざす部落問題全国会議の発起人の1人となり、
　　　　事務局長（75～96年）、代表幹事（89年～2016年）

主な著書

『日本歴史と部落問題』（1981年、部落問題研究所）
『人権と歴史と教育と』（1995年、花伝社）
『部落の歴史と解放運動　近代篇』（1997年、部落問題研究所）
『歴史と教育　部落問題の周辺』（2000年、文理閣）
『島崎藤村「破戒」を歩く』　上・下（2008年・2009年、部落問題研究所）
『美術家の横顔』（2011年、花伝社）
『伊藤博文を激怒させた硬骨の外交官加藤拓川』（2012年、高文研）

編　著

『融和運動論叢』（1972年、世界文庫）
『表現の自由と「差別用語」』（1985年、部落問題研究所）
『表現の自由と部落問題』（1993年、部落問題研究所）

共編著

『明解日本史図録』（1982年、一橋出版。のちに『グラフ日本史』と改題）。

小泉八雲のヒューマニズム精神とその変容
―部落問題記述を中心に―

二〇一八年一一月一五日　初版発行

著　者　成澤　榮壽
発行者　梅田　修

発行所　公益社団法人部落問題研究所
京都市左京区高野西開町34―11
TEL 075-721-6108　FAX075-701-2723

ISBN978-4-8298-2076-6

印刷・製本　片岡印刷
京都市中京区西ノ京冷泉町118―3
TEL 075-822-0954 FAX075-822-0934